y 2 39206

Paris
1845

Goethe

Les souffrances du jeune Werther

Tome

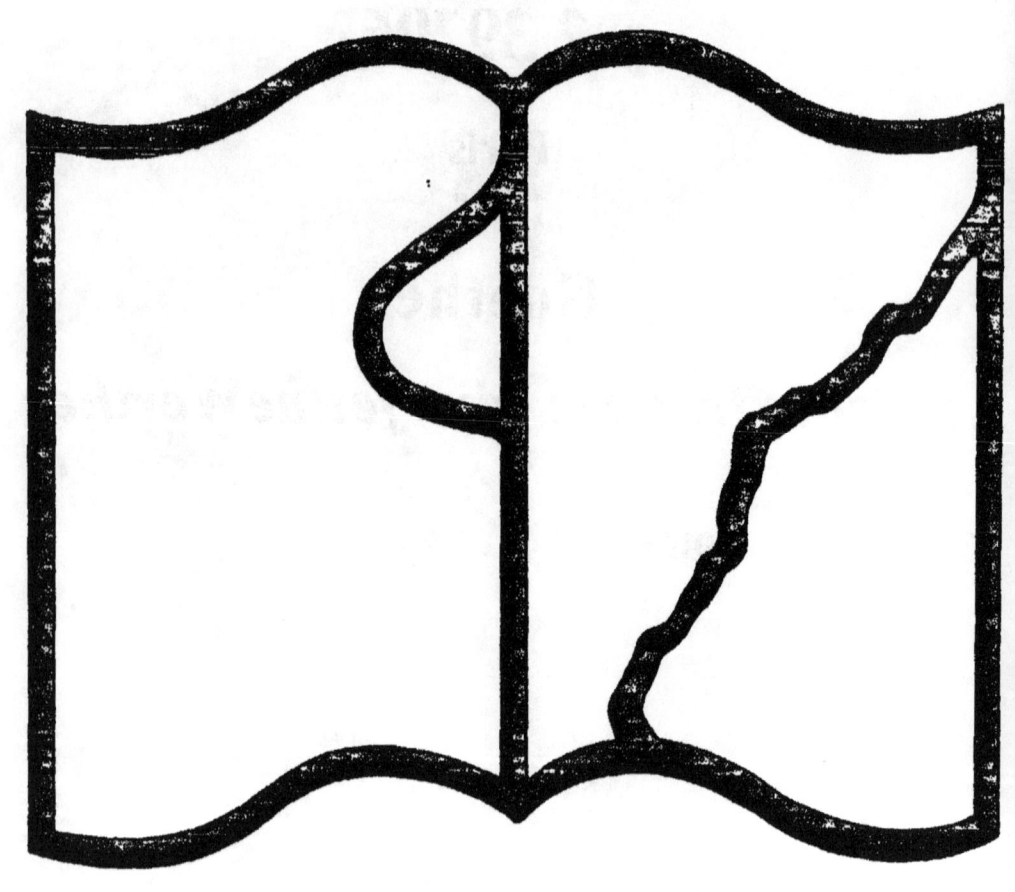

**Symbole applicable
pour tout, ou partie
des documents microfilmés**

Texte détérioré — reliure défectueuse

NF Z 43-120-11

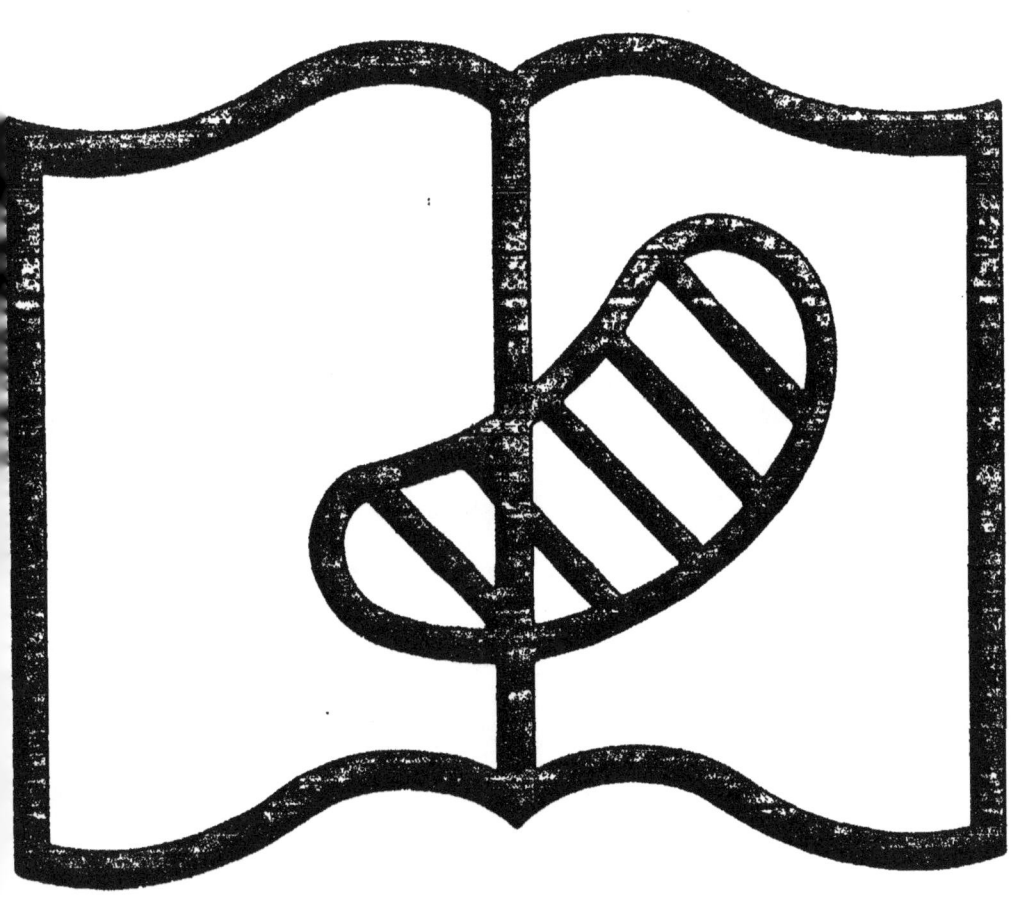

Symbole applicable
pour tout, ou partie
des documents microfilmés

Original illisible

NF Z 43-120-10

LES SOUFFRANCES
DU JEUNE WERTHER

Se trouve à Paris

CHEZ BORRANI, LIBRAIRE, RUE DES SAINTS-PÈRES, 9
DENTU, LIBRAIRE, PALAIS-ROYAL
DURAND JEUNE, LIBRAIRE, RUE LOUIS-LE-GRAND, 27

Des pleurs roulaient dans mes yeux ; je me baissai pour les cacher.

LES SOUFFRANCES
DU
JEUNE WERTHER

PAR GOËTHE

TRADUITES

PAR LE COMTE HENRI DE LA B......

Vulnus alit venis, et cæco carpitur igni.
VIRGILE.

SECONDE ÉDITION

A PARIS
DE L'IMPRIMERIE DE CRAPELET
9, RUE DE VAUGIRARD

MDCCCXLV

PRÉFACE.

Cette traduction des *Souffrances du Jeune Werther* est moins une seconde édition, comme le titre l'annonce, qu'une traduction nouvelle. Jamais, sans doute, je n'aurois songé à l'entreprendre, si le hasard n'eût fait tomber dernièrement sous ma main un exemplaire du *Werther* de M. de Sevelinges, réimprimé chez Dentu, en 1825. La préface contient un extrait de la *Biographie des auteurs vivans*, (article Goëthe,) où ma traduction est l'objet d'une amère censure. M. de Sevelinges, non content de citer complaisamment ce passage plein de fiel et d'assertions mensongères, l'accompagne de réflexions dont la douceur pateline contraste d'une façon plaisante avec le style passablement brutal du biographe. La critique, quelque acerbe, quelque injuste même qu'elle soit, est toujours utile à ceux qui veulent en profiter. Je revis à fond ma traduction, je la comparai de point en point avec l'original, et après un mûr examen, je me décidai à la retoucher, ou plutôt à la refaire sur un nouveau plan.

Dans mon premier travail, je n'avois pas cru devoir m'astreindre à une exactitude rigoureuse. En conservant soigneusement les traits de caractère, les beautés de sentiment qui sont de tous les temps et de tous les pays, je m'étois permis de supprimer de loin en loin des déclamations, des descriptions oiseuses, des moralités dont les Allemands sont en général trop prodigues dans les ouvrages d'imagination, de modifier certaines images, certaines comparaisons manquant de justesse, ou dépourvues de grâce, d'élaguer enfin quelques détails qui, jetés à froid au milieu de scènes passionnées, en ralentissent le mouvement et l'effet. Certes, je n'avois pas eu, comme le suppose fort gratuitement l'auteur de l'article déjà mentionné, l'absurde prétention de *faire un Werther de ma façon*. J'avois tenté de donner au Werther allemand une physionomie moins étrangère, en un mot de le rapprocher du goût françois; car alors il y avoit encore un goût françois [1].

Je m'étois senti encouragé dans cette entreprise par l'autorité de plusieurs critiques célèbres, entre autres de notre moderne Aristarque. On peut lire dans la correspondance de La Harpe avec le grand-duc de Russie (édition Verdière, t. Ier, p. 513), ce qu'il pense du roman de *Werther*.

[1] Cette traduction imprimée chez Didot l'aîné en 1 vol. in-8, avec trois gravures en taille-douce d'après les dessins de Moreau jeune, parut en 1809. Il n'en reste plus qu'un très-petit nombre d'exemplaires.

La traduction que je publie aujourd'hui en est une reproduction fidèle : non que passant d'un extrême à l'autre, j'aie eu dessein de substituer à une imitation libre une version littérale. L'exactitude servile est la pire des infidélités. Chaque langue a ses formes, son caractère, son génie qu'il faut respecter. Le traducteur qui s'aviseroit de calquer toutes ses phrases sur celles de l'original, commettroit un double sacrilége littéraire; il ne feroit, par un travail ingrat et mécanique, qu'offenser deux langues à la fois.

Je me suis appliqué d'abord à bien saisir le sens, souvent un peu vague, quelquefois même obscur de mon auteur, à me pénétrer de son esprit. J'ai ensuite rendu, aussi fidèlement que possible, ses pensées, ses images, les mouvemens de son style. Dans les occasions assez rares où la différence essentielle d'idiome et de goût m'a forcé de m'écarter du texte, j'en ai rejeté en note la traduction littérale. J'ai observé la même méthode pour le très-petit nombre de passages que j'ai cru devoir supprimer en entier. De cette manière le lecteur aura tout *Werther*, sans exception. Il pourra de plus juger avec connoissance de cause, approuver ou blâmer le plan suivi par le traducteur.

J'ai laissé à l'ouvrage de Goëthe son titre primitif, *les Souffrances du Jeune Werther*. Ce titre convient bien au sujet. Il renferme de plus une idée morale; car on auroit tort de croire que l'auteur ait eu pour unique fin de peindre la passion de l'amour dans sa brûlante énergie. Il n'auroit ainsi composé qu'un roman banal et dangereux. Il s'est proposé un but utile. Il a voulu montrer par un tragique exemple, les écueils où peuvent entraîner une âme trop ardente, un esprit déréglé, le mépris ou du moins l'oubli des convenances sociales, des principes, des devoirs. Il a fait Werther malheureux; et sous ce point de vue, son livre, si sévèrement jugé par certains censeurs rigides, dont je respecte d'ailleurs l'opinion, peut offrir à la jeunesse une utile leçon.

Un traducteur, en remplaçant le mot *leiden*, souffrances, par celui de passions, est donc tombé dans une grave méprise.

Lorsque *Werther* parut (en 1772), toutes les littératures de l'Europe s'empressèrent à l'envi de l'adopter, et de s'en faire pour ainsi dire un titre national. De là les tentatives réitérées, les efforts plus ou moins heureux de tant de traducteurs françois. Cette lutte constante, opiniâtre, prouve assez la difficulté de naturaliser parmi nous l'œuvre de Goëthe. *Werther*, en effet, ne doit sa juste célébrité à aucun des artifices qui font le succès, et souvent le seul mérite des productions du même genre. On n'y trouve ni enchaînement d'aventures merveilleuses, ni créations bizarres, ni situations romanesques. Rien de plus simple que le sujet, de plus restreint que les personnages en action. L'auteur a tiré toutes ses ressources de son imagination vive, féconde, passionnée, de sa profonde connoissance du cœur humain. *Werther* est éminemment un ouvrage de style; et c'est là surtout ce qui rend la tâche du traducteur si difficile.

Je n'ajouterai plus qu'un mot. Le roman de Goëthe est trop connu, il est devenu trop populaire, pour que j'aie pu me faire un scrupule de contribuer, par une traduction nouvelle, à en augmenter la publicité. Je l'ai considéré uniquement sous le rapport de l'art; je me suis efforcé de reproduire dans son austère simplicité, avec ses sombres couleurs, cette composition si éloquente, si pathétique ; j'ai osé prétendre à l'honneur de lui donner en France le rang littéraire qu'elle occupe en Allemagne, depuis plus d'un demi-siècle.

Mais, me dira-t-on, il existe déjà quatre, cinq, six traductions françoises de *Werther*. Qu'importe? Y en a-t-il une bonne? c'est la question : question qu'on se fera vraisemblablement encore, après avoir lu la mienne.

ERRATA.

Page 20, cet indigent, *lisez :* ce pauvre malheureux.

Page 21, je connois peu, *lisez :* il y a peu.

Page 43, et un certain M. N***, *lisez :* N. N.

Page 61, et tout maussade, *lisez :* et maussade.

Page 81, parvienne jusqu'à mes levers, *lisez :* lèvres.

Page 100, oui sans contredit, *lisez :* oui assurément.

Page 111, comme il arrive, *lisez :* ainsi qu'il arrive.

Page 128, en parlant de choses et d'autres, *lisez :* en nous entretenant.

Page 135, mettre au bas de la note : *Note du traducteur.*

Page 157, la note qui se trouve au bas de la page se rapporte à la première ligne, aux mots : une lettre écrite de sa propre main.

Page 170, la note doit être renfermée entre des guillemets, comme tous les passages modifiés, ou retranchés.

Page 241, et je vous en prie, *lisez :* je vous en prie.

PREMIÈRE PARTIE

AU LECTEUR.

Voici, lecteur, tout ce que j'ai pu recueillir de l'histoire du jeune Werther[1]. Je vous offre avec confiance le fruit de mes recherches, persuadé que vous m'en saurez gré. Vous ne pouvez refuser à l'esprit, au caractère de cet infortuné, votre admiration, votre amour, ni vos larmes à sa destinée.

Et toi, âme douce et sensible, qui gémis sous le poids des mêmes peines, puisses-tu trouver quelque consolation dans le récit de ses souffrances! Que ce livre soit ton ami, si le sort, ou tes propres fautes ne t'en ont pas laissé de meilleur!

[1] Une aventure tragique arrivée à Wetzlar en 1772, a fourni le sujet de Werther. Goethe n'a fait que changer le nom des acteurs. Celui du véritable héros de ce drame est Jérusalem, fils d'un théologien et prédicateur renommé, de Brunswick. Ayant conçu pour la femme d'un de ses amis une passion aussi violente que malheureuse, il se tua de désespoir. On trouve dans les Mémoires de l'auteur, des révélations curieuses sur les idées qui dominoient dans son esprit, et sur la situation de son âme, à l'époque où il composa ce roman célèbre.

(*Note du traducteur.*)

LES SOUFFRANCES

DU JEUNE WERTHER.

Le 4 mai 1771.

Que je suis content d'être parti! cher ami, qu'est-ce que le cœur de l'homme? Te quitter, toi que j'aime, toi dont j'étois inséparable, te quitter, et être content! mais tu me pardonnes, je le sais. Hélas! hors la tendre amitié qui nous unit, ai-je formé jusqu'ici une seule liaison que la malice du sort n'ait fait servir au tourment de ma vie? La pauvre Éléonore! Grâce au ciel, ses malheurs ne sont point mon ouvrage. Retenu dans les liens de son aimable sœur, pouvois-je empêcher l'amour de se glisser dans son sein? Est-il bien vrai pourtant que je sois innocent? N'ai-je pas entretenu son inclination? Ne me suis-je pas diverti des mouvemens ingénus de son âme simple et neuve, de ses naïfs transports qui nous faisoient rire si souvent, quelque peu risibles qu'ils fussent? N'ai-je pas...? Oh! qu'est-ce que l'homme, pour oser se plaindre de lui-même? Je veux, cher ami, je te le promets, je veux me corriger; je ne veux plus, suivant ma mauvaise habitude, revenir éternellement sur quelques sujets d'affliction que le ciel nous envoie. Je jouirai du présent, et le passé, tel qu'un vain songe, sortira de ma mémoire. Oui, mon ami, tu as raison, l'homme seroit moins malheureux si (Dieu sait pourquoi il est ainsi fait), si au lieu de s'appliquer sans cesse à rappeler de douloureux souvenirs, il se laissoit aller avec indifférence au cours de la vie.

Dis à ma mère que je ne néglige pas ses intérêts, et que je l'instruirai dans peu du résultat de mes démarches. J'ai vu ma tante; elle est loin de ressembler à l'odieux portrait qu'on nous avoit fait d'elle. C'est une femme vive, enjouée, d'un excellent cœur. Je lui ai exposé les griefs de ma mère, touchant la part de succession qu'elle lui retient. Elle s'est justifiée, m'a expliqué ses droits, les motifs de sa conduite, et les conditions auxquelles elle étoit prête à nous accorder ce que nous demandons, et même au delà. Mais je n'ai pas le temps d'entrer aujourd'hui dans les détails. Assure ma mère que tout ira bien. Cher ami, j'ai reconnu de nouveau, à l'occasion de cette petite affaire, que la négligence et les malentendus causent peut-être plus de trouble dans le monde, que l'astuce et la méchanceté; au moins ces deux dernières sont-elles beaucoup plus rares.

Du reste je me trouve parfaitement bien ici. La solitude de ce paradis terrestre est pour mon cœur un baume salutaire. Le printemps réchauffe et ranime mes esprits languissans. Chaque arbre, chaque buisson est un bouquet de fleurs. Je respire, je vis au milieu des parfums [1].

La ville est désagréable; mais la nature a

---

[1] « On souhaiteroit d'être transformé en hanneton, pour voltiger à loisir sur cette mer de parfums, pour y puiser toute sa nourriture. »

déployé dans les environs toute sa magnificence : c'est ce qui engagea le feu comte de M*** à placer son jardin sur une de ces collines pittoresques qui se croisent en divers sens, et renferment des vallons délicieux. Le jardin est simple. On s'aperçoit dès l'entrée, qu'il fut moins l'ouvrage d'un homme de l'art, que d'un philosophe sensible qui vouloit y jouir en paix de lui-même. J'ai déjà donné plus d'une larme à sa mémoire dans le pavillon à demi ruiné dont il faisoit sa retraite favorite, et qui est devenu la mienne. Bientôt je serai maître du jardin. J'ai mis le jardinier dans mes intérêts, et il n'aura pas à se plaindre de moi.

Le 10 mai.

Tous mes sens sont émus d'une volupté douce et pure, comme l'haleine du matin dans cette saison délicieuse. Seul, au milieu d'une contrée qui semble faite exprès pour un cœur tel que le mien, j'y goûte à longs traits l'ivresse de la vie. Je suis si heureux, mon ami, si absorbé dans le sentiment de ma paisible existence, que mon art en souffre. Incapable de dessiner le moindre trait, la plus foible ébauche, jamais pourtant je ne fus si grand peintre. Quand mon vallon chéri se couvre autour de moi d'une légère vapeur; qu'au-dessus de ma tête le soleil de midi darde ses rayons embrasés sur la sombre voûte de mon bois, au fond duquel, comme d'un sanctuaire, il introduit à peine une tremblante lumière; qu'étendu sur le gazon touffu, à la chute d'un ruisseau, je découvre avec ravissement une multitude de plantes, de fleurs d'une délicatesse infinie; que je vois s'agiter entre les brins d'herbe des milliers de vermisseaux, d'insectes, de moucherons, aux formes variées et innombrables; que j'entends résonner à mon oreille le murmure confus de ce petit monde; quand l'auguste présence de l'Être tout-puissant qui créa l'homme à son image, le souffle vivifiant du Dieu d'amour et de bonté qui nous porte et nous soutient sur un océan de délices éternelles, me pénètrent de toutes parts, et que le ciel et la terre se réfléchissent dans mon âme sous les traits d'une amante adorée, alors je soupire et me dis : Oh!¹ que ne puis-je exprimer ce que je sens si vivement! Ces émotions brûlantes, que ne m'est-il donné de les peindre en traits de flamme! Mais, mon ami, les forces me manquent; je succombe sous la grandeur, sous la majesté de ces sublimes merveilles!

Le 12 mai.

Suis-je en effet transporté dans le riant domaine de l'illusion et de la féerie, ou mon imagination, saisie d'un céleste enthousiasme, communique-t-elle à la nature

---

¹ « Oh! que ne peux-tu communiquer, que ne peux-tu
« inspirer au papier la plénitude de vie, cette vie brûlante
« qui t'anime, et le rendre ainsi l'image de ton âme, comme
« ton âme est l'image du Dieu infini! »

entière le charme qui la possède? Près d'ici est une fontaine, une fontaine au bord de laquelle je suis enchanté, comme Mélusine et ses sœurs. Vous descendez une colline, et vous vous trouvez en face d'une grotte profonde de vingt marches, où l'eau la plus limpide jaillit d'un rocher de marbre. La petite esplanade qui couronne la grotte, les grands arbres qui l'ombragent, la fraîcheur du lieu, tout excite en vous je ne sais quelle agréable sensation, mêlée d'un secret frémissement. Il ne se passe point de jour que je ne m'y repose une heure. Les jeunes filles de la ville viennent y puiser de l'eau, utile et innocente fonction que les filles des rois ne dédaignoient pas autrefois de remplir.

Quand je suis assis en ce lieu, les images de la vie patriarcale se retracent, pleines de vivacité, à ma pensée. C'étoit auprès des sources et des fontaines, séjour des génies bienfaisans, que les vénérables pères des humains faisoient connoissance entre eux, qu'ils se demandoient leurs filles en mariage. Il me semble voir leurs ombres bienheureuses errer autour de cette grotte, sous ces arbres hospitaliers.

Oh! il n'a jamais savouré, pendant l'été, après une marche pénible sous un soleil brûlant, la délectable fraîcheur des eaux vives et des sources, celui qui ne sauroit sympathiser avec moi!

Le 13 mai.

Tu me demandes si tu m'enverras mes livres? Au nom de Dieu, cher William, délivre-moi de ces conseillers importuns. Je ne veux plus être conduit, excité, enflammé. Ce cœur n'est-il pas assez ardent de lui-même? Il me faut des chants qui me bercent, et je les trouve dans mon Homère. Combien de fois ses chants divins ont calmé l'effervescence de mon sang, et rendu la paix à mes esprits agités! car il n'est rien de si inconstant, de si bizarre que ton ami. Mais ai-je besoin de te le dire, à toi qui fus si souvent témoin et victime de mes caprices, de mes brusques passages de la tristesse à la joie, d'une douce mélancolie aux plus funestes emportemens? Aussi je traite mon cœur comme un enfant malade. Je ne lui refuse rien. Garde-m'en le secret : il y a des gens qui pourroient m'en faire un crime.

Le 15 mai.

Tous les bons habitans du lieu me connoissent et m'aiment déjà, particulièrement les enfans. Au commencement de mon séjour, lorsqu'il m'arrivoit de les aborder, de leur adresser des questions amicales, tantôt sur un sujet, tantôt sur un autre, quelques-uns, s'imaginant que je voulois me moquer d'eux, me repoussoient avec rudesse. Je ne me rebutai point pour cela; mais j'en sentis plus vivement la justesse d'une remarque que j'avois eu plusieurs fois l'occasion de faire. Les gens d'un certain rang se tiennent presque toujours à une grande distance du peuple, comme s'ils craignoient de compromettre leur dignité, en s'en approchant; et puis il y a parmi eux des étourdis, de méchans fats qui font semblant de descendre à son niveau, afin de le mieux écraser ensuite du poids humiliant de leur orgueil.

Je sais que nous ne sommes point égaux, que nous ne pouvons point l'être; mais l'homme de qualité qui croit devoir se soustraire aux regards du peuple, pour s'en faire respecter, et le lâche qui fuit devant son ennemi, de peur de se mesurer avec lui, sont à mon sens également dignes de mépris.

L'autre jour, je rencontrai à la fontaine une jeune fille qui avoit posé sa cruche au bas des degrés, et cherchoit des yeux une de ses compagnes pour l'aider à la mettre sur sa tête. Je descendis; l'ayant considérée un instant :

« Jeune fille, lui dis-je, puis-je vous
« aider ?

Elle rougit. « Oh! Monsieur! » me dit-elle.

« Point de façons, mon enfant. »

Elle redressa son coussinet; je posai la cruche dessus; elle me remercia et remonta l'escalier en rougissant de nouveau.

Le 17 mai.

J'ai fait ici toute sorte de connoissances, sans avoir encore de société. Je ne sais à quoi attribuer la singulière affection que me témoignent les habitans de ce pays; mais ils ne peuvent se passer de moi. Ils s'attachent à tous mes pas; et moi j'éprouve un sentiment de peine, quand le chemin que je suis m'oblige à me séparer d'eux. Si tu me demandes quel est leur caractère, je te répondrai : le même que partout ailleurs; l'espèce est uniforme. La plupart travaillent pour vivre, la majeure partie du jour, et le peu de liberté qui leur reste les tourmente au point qu'ils mettent tout en œuvre pour s'en débarrasser. O destinée humaine!

Dans le fond pourtant, ce sont de bonnes gens. Quelquefois, m'oubliant parmi eux, je me laisse aller à prendre ma part de ces plaisirs simples et vrais qu'il est encore donné à l'homme de goûter sur la terre, comme de causer et de rire autour d'une table modestement servie, où règnent la bonne humeur et la cordialité, d'arranger à l'improviste une partie de campagne, un petit bal champêtre, ou quelque autre divertissement semblable. Ces innocentes distractions me procurent un bien-être passager; mais il ne faut pas que je vienne à réfléchir à cette foule d'idées, de sentimens que je suis contraint de renfermer soigneusement, à cette force morale qui se consume en moi dans une mortelle inertie. Oh! c'est là un supplice intolérable; et cependant le sort de certains d'entre nous fut toujours d'être mal compris.

Ah! que l'amie de ma jeunesse n'existe-t-elle encore! ou plutôt pourquoi l'ai-je connue? Je me dirois : Insensé! quelle est ton erreur? Tu cherches vainement ici-bas ce que tu n'y saurois trouver; mais ce n'est point une illusion. Mes yeux l'ont vue; j'ai possédé son cœur, ce cœur si bon, si grand, si généreux. En présence de cette femme admirable, je me sentois élever au-dessus de moi-même. Y avoit-il, ô ciel! une seule des facultés de mon être qu'elle laissât inactive? Avec elle je pouvois donner l'essor à cette sensibilité vive et profonde qui embrasse dans son énergie la nature entière. Notre commerce étoit un heureux et perpétuel échange des douces émotions de l'âme, des plaisirs délicats de l'esprit, souvent même des plus nobles inspirations du génie.... Et maintenant.... Hélas! entrée avant moi dans la carrière de la vie, elle devoit aussi me précéder dans la tombe; mais je garderai éternellement son souvenir. Toujours, oui, toujours, je me rappellerai son courage sublime, son angélique résignation.

J'ai rencontré dernièrement un certain

M. V***, jeune homme d'une physionomie agréable et spirituelle. Il ne fait que sortir de l'Université. Sans se croire précisément un génie, il paroît fort satisfait de son petit mérite. Je l'attaquai sur divers points; il se défendit bien : bref, il ne manque pas d'instruction. Ayant ouï dire que j'avois quelque teinture du grec, et que je m'occupois de dessin (deux phénomènes dans ce pays), il s'approcha de moi et m'étala tout son savoir, depuis Batteux jusqu'à Wood, depuis de Piles jusqu'à Winckelmann. Il se vanta d'avoir lu en entier la première partie de la Théorie de Sultser, et de posséder un manuscrit de Heynen [1] sur l'étude de l'antique. Je le laissai parler tant qu'il voulut, sans l'interrompre.

J'ai aussi fait connoissance avec le bailli du prince, excellent homme, plein de franchise et de loyauté. On dit que c'est un spectacle charmant de le voir au milieu de ses neuf enfans. Il n'est bruit ici que de sa

---

[1] Savant Allemand auquel on doit le meilleur commentaire sur Virgile.

(*Note du traducteur.*)

fille aînée; il m'a invité à l'aller voir, et je compte lui faire une visite au premier jour. Il habite, à une lieue et demie d'ici, un pavillon de chasse du prince, où il a obtenu la permission de se retirer après la mort de sa femme, son ancienne demeure et le séjour de la ville lui étant devenus insupportables.

J'ai encore trouvé sur mon chemin quelques mauvais originaux dont je t'épargne la peinture. Ces gens-là me sont odieux; mais ce que je déteste le plus en eux, ce sont leurs offres de services et leurs démonstrations d'amitié.

Adieu, cette lettre te plaira : elle est tout historique.

Le 22 mai.

La vie humaine n'est qu'un songe; beaucoup l'ont dit avant moi. Cette idée se grave chaque jour plus profondément dans mon esprit : elle m'obsède, elle me suit en tous lieux.

Quand je considère les étroites limites où sont renfermées les facultés physiques et morales de l'homme, quand je vois que toute son activité se borne à satisfaire des besoins qui n'ont eux-mêmes d'autre fin que de prolonger sa misérable existence, et que sa tranquillité sur certains points de ses recherches, n'est que l'aveugle résignation d'un prisonnier qui, pour tromper l'ennui de sa captivité, s'amuse à couvrir de figures variées et de riantes perspectives, les murs de son cachot; ô William! je demeure interdit, confondu; je rentre en moi-même et j'y trouve un monde, ou plutôt un chaos, un mélange confus d'ardens désirs, de vagues pressentimens. L'univers réel flotte et disparoît à mes yeux, et je m'enfonce avec joie dans le pays des chimères.

Maîtres d'école, instituteurs, pédagogues, tous vous diront que les enfans ignorent les motifs qui les font agir; mais, qu'à l'exemple des enfans, les hommes faits marchent sur ce globe au hasard, sans savoir d'où ils viennent ni où ils vont, qu'ils n'aient non plus qu'eux de but fixe de leurs actions, et se laissent conduire de même par l'appât des bonbons et par la crainte des verges, c'est ce qu'on a de la peine à croire, et ce qui me paroît pourtant démontré jusqu'à l'évidence.

Je t'accorde volontiers (car je sais d'avance ce que tu vas me répondre), que ceux-là sont les plus heureux qui, comme les enfans[1], vivent au jour le jour, insoucians du lendemain, ne s'occupent que de bagatelles, et obéissent en aveugles à leurs appétits sensuels. Oui, voilà sans contredit de fortunées créatures. Heureux encore ceux qui, décorant de titres pompeux leurs futiles travaux, et jusqu'à leurs extravagances, s'érigent impudemment en

---

[1] « Promènent, habillent et déshabillent leur poupée, « tournent discrètement autour du buffet où la maman « tient renfermés les bonbons et les dragées ; et quand ils « ont enfin obtenu d'elle le nanan tant désiré, le mangent « à belles dents, et, la bouche pleine, crient : encore ! « encore ! »

sublimes géniés, nés pour le salut et pour la gloire du genre humain! Grand bien leur fasse à eux et à leurs pareils! Mais celui qui reconnoît, en toute humilité, le néant des choses de la vie, qui voit avec quelle satisfaction ce bourgeois aisé embellit son petit domaine, dont il se fait un paradis, avec quelle persévérance cet indigent poursuit, sans se rebuter, son chemin, courbé sous le faix qui l'accable, et comme tous se montrent également avides de contempler une minute de plus la lumière du soleil, celui-là est tranquille; il se crée un monde en lui-même. Il jouit aussi de sa qualité d'homme; au milieu de ses entraves, il nourrit dans son cœur le doux sentiment de la liberté; il sait qu'il peut, quand il lui plaira, quitter sa prison.

Le 26 mai.

Tu connois de longue main ma façon de vivre, de me choisir en quelque endroit écarté un petit réduit, où je goûte en liberté les douceurs de l'étude et de la méditation. Eh bien ! j'ai trouvé près d'ici la plus agréable retraite.

A une lieue de la ville, sur une fertile colline, est un hameau nommé Walheim[1]. On y monte par un sentier sinueux, d'où la vue s'étend sur tout le vallon.

Une bonne femme encore active et gaie pour son grand âge, y vend du vin, de la bière et du café ; mais ce qui fait le principal charme de ce lieu, ce sont deux tilleuls dont les rameaux touffus ombragent, devant l'église, une petite place entourée de métairies, de granges et de chaumières éparses. Je connois peu de sites aussi cham-

---

[1] Le lecteur est prié de ne pas se donner la peine de chercher ce lieu, ni plusieurs autres cités dans le cours de cet ouvrage : diverses considérations nous ayant forcé d'en changer les véritables noms.

pêtres, aussi retirés ; je m'y fais apporter une table et une chaise de chez l'hôtesse ; j'y prends mon café, et j'y lis mon Homère.

La première fois que le hasard me conduisit, par une belle après-midi, sous les tilleuls, je trouvai la place déserte : tout le monde étoit aux champs. Je ne vis qu'un enfant de quatre à cinq ans, assis à terre. Il en tenoit un autre d'environ six mois entre ses jambes, dont il lui formoit, ainsi que de ses deux petites mains croisées sur sa poitrine, comme une espèce de siége. L'enfant rouloit autour de lui de grands yeux noirs, et malgré son apparente vivacité, il gardoit une attitude immobile. Ce tableau me plut ; je m'assis en face sur une charrue, et je dessinai avec ravissement le joli groupe. J'y joignis pour accessoires une haie voisine, une porte de grange et quelques débris de roues de charrette, tout comme cela s'offroit à mes regards ; et en une heure, je réussis à faire un dessin bien ordonné, plein d'intérêt, sans y avoir rien mis de mon invention. Cette épreuve m'affermit dans la résolution de m'en tenir désormais uniquement à la nature : elle seule est d'une richesse inépuisable, elle seule forme le grand artiste. On peut dire beaucoup de choses en faveur des règles, les mêmes à peu près qu'à la louange de la société civile. L'artiste qui se conforme aux règles ne fera jamais un ouvrage ridicule, ni absolument mauvais, non plus que l'homme qui observe les lois et les convenances sociales, ne sera un voisin incommode, ni un citoyen dangereux. Les règles, cependant, qu'on dise tout ce qu'on voudra, étouffent le vrai sentiment, la vraie expression de la nature.

Je t'entends d'ici crier à l'hyperbole ; les règles, m'objecteras-tu, loin d'arrêter l'essor du génie, perfectionnent et embellissent ses productions. Elles mettent des bornes aux écarts de l'imagination, elles retranchent les ornemens superflus, etc., etc. Mon ami, veux-tu me permettre une comparaison? Il en est du sentiment des arts, comme de celui de l'amour. Un jeune homme s'éprend éperdument des charmes d'une belle et jeune fille; il lui dévoue son existence; il épuise ses forces, ses facultés, sa fortune, pour lui prouver à chaque instant du jour qu'il est à elle sans réserve. Survient un grave et docte personnage qui le prend par la main, et lui dit : « Mon beau jeune ami, il est dans la nature humaine d'aimer : aimez donc, mais en homme raisonnable. Consacrez au travail la plus grande partie de votre temps ; ne donnez à votre maîtresse que vos heures de loisir ; comptez avec vous-même. Si, après avoir pourvu au nécessaire, il vous reste du superflu, je ne vous défends pas de faire à la belle de petits présents, mais de loin en loin ; par exemple, à l'anniversaire de sa naissance, au jour de sa fête, etc. » Notre jeune homme se rend-il à ces sages avis ? il pourra devenir un garçon de mérite. Je conseillerois même au prince de le pourvoir d'une place de pédant, au fond de quelque obscur collége ; mais c'en est fait de son amour, et s'il est artiste, de son art[1]. Mes amis, savez-

---

[1] Werther abuse du principe très-juste qu'il vient d'établir, pour s'élever indistinctement contre toute espèce de règles ; comme si les règles, dans leur application aux arts, n'é-

vous pourquoi le fleuve du génie déborde si rarement, pourquoi si rarement il retrempe dans ses eaux vivifiantes vos âmes léthargiques? O mes amis, mes chers amis! c'est que sur ses rives habite une race de gens froids, égoïstes; ils craignent de voir submerger leurs maisonnettes, leurs petits jardins, leurs kiosques, leurs parterres de fleurs; et, à force de digues, de saignées, ils parviennent à contenir le fleuve dans son lit et à se préserver du danger de l'inondation.

Le 27 mai.

Je me suis, à ce que je vois, perdu dans la déclamation, dans les digressions, dans

toient pas le code du bon sens et du bon goût, de même que dans l'ordre social, les lois sont les protectrices nécessaires des mœurs et de la sûreté publique.

(*Note du traducteur.*)

les métaphores, et j'ai oublié de te dire ce que devinrent les enfans. Je restai deux bonnes heures assis sur ma charrue, plein de ces idées romanesques, de ce poétique enthousiasme dont ma lettre d'hier t'offre une assez confuse image.

Vers le soir, une jeune femme accourut droit aux enfans qui n'avoient pas changé de place. Elle tenoit un panier sous son bras, et se mit à crier de loin : « Philippe ! Philippe ! tu es un bon garçon. » Quand elle fut près de moi, elle me salua ; je me levai, et lui demandai si elle étoit la mère de ces enfans ? Elle me répondit que oui ; et tandis qu'elle donnoit au plus âgé des deux un morceau de pain blanc, elle prit l'autre dans ses bras, et lui fit les plus tendres caresses.

« J'ai confié ce petit à son frère, me dit-elle, pendant que j'allois à la ville avec mon aîné, acheter du pain blanc, du sucre, et un poêlon de terre (je voyois tous ces objets dans le panier, dont le couvercle étoit renversé). Je veux, ajouta-t-elle, faire ce soir une soupe à Jean (c'était le nom du petit). Hier mon espiègle d'aîné a cassé notre poêlon, en se disputant avec Philippe pour le gratin de la bouillie. »

Je lui demandai où il étoit; comme elle me répondoit qu'elle l'avoit laissé derrière elle dans la prairie, courant après des oies, il arriva en gambadant, et mit dans la main de Philippe un bouquet qu'il venoit de cueillir.

Je continuai à m'entretenir avec la mère. Elle m'apprit qu'elle étoit fille du maître d'école du village; que son mari étoit allé en Suisse pour recueillir la succession d'un parent. On vouloit le tromper, me dit-elle, on ne répondoit à aucune de ses lettres. Voyant cela, il a pris le parti de se transporter sur les lieux. Pourvu qu'il ne lui soit rien arrivé! Je n'ai pas reçu de ses nouvelles depuis son départ.

Je quittai cette femme à regret. Je donnai en partant un kreutzer à chacun des enfans, et un de plus à la mère pour acheter un pain blanc au petit Jean, la première fois qu'elle iroit à la ville.

Cher ami, lorsque mes sens agités menacent de prendre sur moi trop d'empire, l'image de cette femme apaise aussitôt leur tumulte. Heureuse créature! elle parcourt d'un pas égal le cercle étroit de son existence, voit avec calme un jour succéder à l'autre, entend le bruit mélancolique des feuilles qui tombent, et n'a pas d'autre pensée, si ce n'est que l'hiver s'approche.

Depuis que je la connois, je vais très-souvent à Walheim. Les enfans se sont familiarisés avec moi; ils attrapent du sucre le matin, quand je prends mon café, et le soir ils partagent mon pain au beurre et mon lait caillé. Le dimanche, le kreutzer ne leur manque jamais. Si je ne me trouve pas à l'église, au sortir de la prière l'hôtesse a ordre de le leur donner.

Ils sont confians; ils me racontent tout ce qui leur passe par la tête. Je m'amuse du jeu de leurs petites passions, de leur naïve jalousie quand d'autres enfans du village se rassemblent avec eux autour de moi.

J'ai eu bien de la peine à rassurer la mère, toujours tourmentée de la crainte *que ses enfans n'incommodassent Monsieur*.

Le 30 mai.

Ce que je te disois de la peinture s'applique également à la poésie. Il suffit de savoir discerner le beau et d'oser l'imiter : c'est, à la vérité, demander beaucoup en peu de mots. J'ai été témoin aujourd'hui d'une scène qui, bien décrite, feroit la plus admirable idylle du monde...... Poésie ! scène ! idylle ! à quoi bon ces termes didactiques ? Faut-il toujours s'imposer des règles, des entraves ? Ne sauroit-on jouir en liberté des impressions de la nature ?

Si tu t'attends, d'après ce début, à quelque chose de grand, de sublime, tu es dans l'erreur. Il ne s'agit que d'un pauvre paysan. Lui seul a causé la vive émotion de mon âme. Je vais, selon ma coutume, raconter tout de travers ; et tu ne manqueras pas de m'accuser, à l'ordinaire, d'exagération. Écoute donc, c'est Walheim, encore Walheim qui enfante ces merveilles.

Il y avoit du monde sous les tilleuls : la

société ne me convenant point, j'usai d'un prétexte pour me retirer.

Un jeune paysan, sorti d'une maison voisine, s'occupoit à réparer la charrue que je dessinai dernièrement. Son extérieur me plut; je m'approchai de lui, je le questionnai sur son état, sur sa position. En peu de temps nous eûmes fait connoissance, et, comme il m'arrive assez communément avec cette sorte de gens, il ne tarda pas à prendre en moi une entière confiance. Il me raconta qu'il étoit au service d'une veuve qui le traitoit fort bien. A la chaleur de ses discours, aux louanges qu'il se plaisoit à lui prodiguer, je compris qu'il s'étoit donné à elle de corps et d'âme. «Elle avoit été, me dit-il, malheureuse dans son premier mariage, et répugnoit à l'idée d'en contracter un second. » Oh! comme l'ardeur de sa flamme, comme le désir d'être choisi par la belle veuve en qualité d'époux, de consolateur, ressortoient énergiquement de son récit! Mon ami, je voudrois pouvoir te répéter mot pour mot tout ce qu'il me dit. Comment, sans cela, te donner une idée de son pur amour, de sa fidélité, de sa constance? L'éloquence et la poésie m'ouvriroient en vain leurs trésors; jamais je ne parviendrois à rendre les traits animés de cet homme, l'harmonie de sa voix, l'expression de ses gestes, le feu de ses regards, la tendresse et la passion qui respiroient dans tout son être; non, pour tracer un tel tableau, la langue n'a point de termes, la peinture manque de couleurs. Ce qui me toucha le plus, ce fut la crainte qu'il manifestoit de temps en temps que quelqu'une de ses paroles, mal interprétée, ne m'inspirât des doutes sur la vertu de sa maîtresse. Avec quelle vivacité il me dépeignoit sa personne pleine de charmes, les agrémens de sa figure, qui, bien que privée de la première fleur de la jeunesse, l'avoit, disoit-il, séduit et enchaîné pour la vie. Je n'avois point encore vu, je ne soupçonnois même pas tant d'amour, un mélange si ravissant de pudeur et de volupté. O mon ami! n'insulte point à ma foiblesse; mais le souvenir de cet homme me poursuit partout; une ardeur vague, une flamme secrète, ont pénétré toute ma substance, et, l'imagination fascinée par un fantôme, je languis, je sèche, consumé des mêmes feux[1] !

Je vais m'occuper au plus vite des moyens de rencontrer cette femme, ou plutôt, si je fais bien, je ne songerai qu'à l'éviter. Il vaut mieux pour moi la voir toujours par les yeux de son amant. Peut-être perdroit-elle à se montrer aux miens; et faut-il gâter à plaisir une si belle image?

---

[1] A peine le roman commence, déjà le caractère sombre et passionné de Werther se dessine avec énergie. Déjà naissent la terreur et la pitié, ces deux sources fécondes de l'intérêt dramatique. On plaint les souffrances auxquelles l'âme de l'infortuné jeune homme est en proie ; on frémit du désordre de ses idées, de son effrayante exaltation ; on entrevoit quelque chose de fatal dans sa destinée ; on sent qu'il suffira d'une étincelle pour allumer un incendie qui le consumera tout entier.

(*Note du traducteur.*)

Le 16 juin.

Tu me demandes pourquoi je ne t'écris pas? Tu me le demandes, toi philosophe, toi qui te vantes de connoître le cœur humain! Ne pouvois-tu pas deviner que j'étois content, heureux? Eh! oui, en vérité, je le suis. J'ai.... Une rencontre fortuite a décidé du destin de ma vie. J'ai.... Que te dirai-je enfin?

Te raconter par ordre comment les choses se sont passées, comment j'ai fait connoissance avec la plus adorable des créatures, seroit une entreprise au-dessus de mes forces. Je suis ivre de bonheur et de joie, et conséquemment mauvais historien.

Un ange! Bon! chacun en dit autant de la femme qu'il aime; et pourtant il m'est impossible de te dire de combien de perfections elle est ornée, ce qui la rend si accomplie. Qu'il te suffise de savoir qu'elle a captivé tous mes sens.

Tant d'esprit et tant de simplicité! tant de douceur et tant de force de caractère! et le calme inaltérable de l'âme dans le mouvement d'une vie toujours active et toujours occupée!... Insipide verbiage, froides abstractions qui ne rendent aucun de ses traits! Un autre jour j'essaierai.... Non, maintenant ou jamais; car, entre nous, depuis que j'ai commencé de t'écrire, j'ai déjà été trois fois sur le point de jeter la plume, de monter à cheval et de voler près d'elle. Cependant je m'étois tant promis ce matin de ne point sortir de chez moi! Et à chaque minute je cours à ma fenêtre pour mesurer la hauteur du soleil sur l'horizon.

Le 16 au soir.

Je n'ai pu m'en défendre; il m'a fallu y aller. Je t'écris à mon retour de chez elle[1].

[1] « En mangeant mes beurrées du soir. »

Quel délice de la contempler au milieu du groupe charmant de ses huit frères et sœurs !

Si je continue de la sorte, tu seras aussi avancé à la fin de ma lettre qu'au commencement. Écoute donc : je vais m'efforcer d'entrer en matière.

Je te mandois dernièrement que le bailli de S*** m'avoit invité à l'aller voir dans son ermitage, ou plutôt dans son petit royaume. Je différois toujours ma visite, et peut-être ne l'aurois-je jamais faite, si le hasard ne m'eût découvert le trésor que renferme sa paisible retraite.

Nos jeunes gens s'étoient réunis pour donner aux dames de la ville un petit bal champêtre : je m'étois volontiers laissé mettre de la partie. J'offris la main à une jeune personne d'ici, douce, jolie, assez insignifiante d'ailleurs. Il fut convenu que je la conduirois en carrosse au lieu de la fête, et que nous prendrions en chemin Charlotte S***.

« Vous allez voir une fille charmante, » me dit ma danseuse comme nous entrions dans la longue avenue de la forêt qui aboutit au pavillon de chasse du bailli.

« N'allez pas, ajouta la cousine, en devenir amoureux. »

« Pourquoi cela ? » lui dis-je.

« C'est, reprit-elle, qu'elle est promise en mariage à un fort honnête homme de cette ville qui est parti depuis peu pour aller régler des affaires de famille, après la mort de son père, et solliciter un emploi honorable. »

J'entendis ces détails avec assez d'indifférence.

Le soleil étoit près de disparoître par delà les montagnes, quand nous arrêtâmes devant la porte du bailli. Il faisoit une chaleur étouffante. Les dames parurent effrayées à la vue de sombres nuages qui s'amonceloient à l'extrémité de l'horizon. Je m'efforçai de dissiper leurs alarmes par une prétendue connoissance du temps, quoique je commençasse à craindre moi-même que l'orage ne dérangeât la fête.

Je mis pied à terre ; une servante vint ouvrir et nous pria de la part de mademoiselle Charlotte d'attendre un moment. Je traversai la cour de l'élégant pavillon ; je montai le perron, et mes yeux furent frappés en entrant du plus délicieux spectacle que j'eusse vu de ma vie. Six enfans, de l'âge de deux ans jusqu'à onze, se pressoient dans le vestibule autour d'une jeune personne d'une beauté parfaite, de moyenne taille, vêtue d'une robe blanche avec une ceinture et des nœuds couleur de rose. Elle tenoit à la main un pain bis qu'elle leur distribuoit, donnant à chacun à proportion de son âge et de son appétit. Quelle douce bienveillance animoit son visage ! quelle joie naïve brilloit sur ceux des enfans ! Tous ensemble levoient en l'air leurs petites mains et crioient : Merci ! avant que le morceau fût coupé ; et dès qu'ils l'avoient reçu, ils s'en alloient contens à la grille, les uns en sautant, les autres tranquillement, selon que leur caractère étoit plus ou moins vif, pour regarder les étrangers et le carrosse qui devoient emmener leur sœur chérie.

« Je suis au désespoir, me dit-elle, de

vous avoir donné la peine de monter, et de faire attendre ces dames; mais le soin de ma toilette, divers ordres à laisser dans la maison pendant mon absence, m'avoient fait oublier le goûter de mes enfans, et ils ne veulent le recevoir que de ma main. »

Je balbutiai quelques mots insignifians; mes yeux, mon âme tout entière, étoient attachés sur elle. Je n'étois pas encore remis de mon trouble, qu'elle courut dans le salon chercher son éventail et ses gants, qu'elle avoit oubliés. Les enfans me regardoient de côté, à une certaine distance. Je m'avançai vers le plus jeune, qui étoit d'une figure charmante : il fit un pas en arrière. En ce moment, Charlotte revint. « Louis, lui dit-elle, va dire bonjour à ton cousin. » L'enfant s'approcha de moi d'un air si gracieux, que je ne pus m'empêcher de l'embrasser, malgré sa petite mine barbouillée.

« Votre cousin ! dis-je à Charlotte en lui offrant la main; quoi donc ! me jugez-vous digne du bonheur de vous appartenir ?

« Pourquoi non ? me répondit-elle avec un aimable enjouement ; j'ai des cousins à l'infini, et je serois fâchée de croire que vous fussiez le moins bon de la famille. »

Elle chargea Sophie, sa sœur cadette, âgée d'environ onze ans, de veiller sur les enfans et d'embrasser son père à son retour de sa promenade, et elle recommanda aux enfans d'obéir à Sophie, comme si c'étoit elle-même. Plusieurs le lui promirent expressément ; mais une petite blonde de six ans, plus avisée que les autres, s'écria : « Ce n'est pourtant pas toi, Charlotte ! nous aimerions bien mieux que ce fût toi ! »

Pendant ce temps, ses deux grands frères étoient montés sur le siége du cocher, où ils obtinrent, à ma prière, de rester jusqu'à la sortie du bois, à condition qu'ils se tiendroient bien et qu'ils seroient sages.

Nous étions à peine assis, les dames avoient à peine eu le temps de se faire les complimens d'usage, de se communiquer leurs observations sur leur toilette, sur leurs coiffures, et de passer malignement en revue la société qui devoit composer le bal, lorsque Charlotte fit arrêter la voiture et descendre ses frères. Ils sollicitèrent la permission de lui baiser encore une fois la main : ce dont l'aîné s'acquitta avec la tendresse d'un jeune homme de quinze ans, l'autre avec plus de pétulance et d'étourderie. Elle les chargea de nouveau d'embrasser pour elle les enfans, et nous partîmes.

La tante demanda à Charlotte si elle avoit achevé de lire le dernier ouvrage qu'elle lui avoit prêté ?

« Non, lui répondit-elle, je n'en ai pas été contente. Vous pouvez le faire reprendre quand il vous plaira. Le premier ne valoit guère mieux, à mon avis. »

M'étant informé du titre de ces ouvrages, je fus fort surpris d'apprendre que c'étoient[1]...... Il y avoit dans tout ce qu'elle disoit, un jugement exquis, une intelligence

---

[1] Nous avons cru devoir laisser ce passage en blanc, pour ne blesser l'amour-propre de personne; quoique, à dire vrai, la réputation d'un auteur quelconque soit fort au-dessus des jugemens d'une simple jeune fille, et d'un jeune homme sans consistance.

supérieure. A chaque parole qui sortoit de sa bouche, sa physionomie s'embellissoit de nouveaux charmes. Des traits de flamme jaillissoient de ses yeux. Elle s'animoit de moment en moment, heureuse de sentir qu'elle avoit près d'elle quelqu'un qui la comprenoit.

« Dans mon enfance, dit-elle, je n'aimois rien tant que les romans. Dieu sait avec quelle satisfaction, retirée les dimanches en un coin solitaire, je m'identifiois du fond de l'âme au bonheur, ou aux infortunes de quelque héroïne imaginaire. Je ne nierai pas que ce genre de lecture ne m'intéresse encore aujourd'hui ; mais comme j'ai rarement le temps de prendre un livre, je veux qu'il soit entièrement de mon goût ; et l'auteur que je préfère est celui dans lequel je retrouve ma petite sphère habituelle, les scènes que je vois chaque jour sous mes yeux, celui dont les tableaux simples et vrais me retracent au naturel l'image de ma vie intérieure, qui sans être réellement un paradis, n'en est pas moins pour moi une source inépuisable de jouissances.

Je m'efforçois de dissimuler mon émotion. Elle se trahit bientôt malgré moi. Lorsque Charlotte vint à faire, en passant, un éloge aussi touchant qu'ingénieux du *Vicaire de Wakefield*[1], de.... de.... de[2]..., je ne pus me contenir davantage. Je pris la parole et me mis à discourir avec enthousiasme. Ce ne fut qu'au bout d'un certain temps que Charlotte adressant la parole à nos compagnes, je les aperçus devant moi immobiles, la bouche béante, dans l'attitude de deux statues. La tante me regarda plusieurs fois d'un air railleur, auquel je fis peu d'attention.

La conversation roula ensuite sur la danse : « Je ne sais, dit Charlotte, si c'est un tort de l'aimer passionnément. Pour moi j'avoue que je ne connois pas de plaisir

---

[1] Goethe avait pour ce charmant roman de Goldsmith une prédilection toute particulière. *Voir ses Mémoires.*
(*Note du traducteur.*)

[2] Nous nous sommes imposé la loi de supprimer ici les noms de quelques-uns de nos grands écrivains nationaux. Ceux qui apprécient, comme Charlotte, le mérite de leurs productions, n'auront pas de peine à les deviner : les nommer aux autres seroit peine superflue.

comparable. Suis-je tourmentée d'une idée triste? je me mets à mon clavecin[1], je joue un ou deux airs de valse, et ma gaieté revient aussitôt. »

Comme je la dévorois des yeux en l'écoutant! Comme je me sentois doucement attiré par l'aimant de ses lèvres de rose, de ses joues fraîches et vermeilles! Comme, dans l'admiration où me jetoit la noblesse et l'élévation de ses pensées, souvent je ne prenois pas garde aux propres expressions dont elle se servoit! Tu te représentes tout cela, toi qui me connois. Enfin nous arrivâmes au lieu de la fête. Je descendis de voiture, semblable à un homme qui rêve, tellement perdu dans un monde imaginaire, qu'à peine entendois-je la musique de l'orchestre, qui d'une salle haute, éclairée par mille bougies, faisoit retentir au loin sa bruyante harmonie.

Les danseurs de la cousine et de Charlotte, Audran et un certain M. N*** (comment retenir tous les noms?), nous reçurent

---

[1] « D'accord ou non. »

à la portière. Ils s'emparèrent de leurs danseuses, et je montai avec la mienne.

Nous débutâmes par des menuets. J'invitai chaque femme l'une après l'autre, et j'enrageois de voir que les plus maussades étoient celles qui ne pouvoient se résoudre à donner la main et à en finir. Charlotte et son danseur commencèrent une angloise. Je te laisse à juger de ma joie quand elle vint à figurer avec moi. Ah! mon ami, il faut la voir danser. C'est un charme, un enchantement; c'est l'harmonie personnifiée! A sa grâce séduisante, à son aimable abandon, on diroit qu'elle est née pour la danse, que la danse est son unique pensée, son unique sentiment; et, sans doute, il est permis de croire qu'elle oublie, en ce moment, l'univers entier.

Je la priai pour la seconde contredanse. Elle étoit engagée, et me remit à la troisième. « Je vous avouerai franchement, me dit-elle, que j'aime par-dessus tout l'allemande. C'est ici l'usage de la danser avec son cavalier; mais le mien se tire assez mal de la valse; il me saura gré de l'en dispenser. Votre danseuse n'y est pas non plus très-habile, et j'ai remarqué, pendant l'angloise, que vous valsiez fort bien. Si vous voulez danser l'allemande avec moi, allez proposer un échange à mon cavalier ; de mon côté, je parlerai à votre danseuse. » La chose fut ainsi réglée. J'offris la main à Charlotte, et son cavalier se chargea de ma danseuse pendant la valse.

La musique donna le signal. Nous préludâmes à l'allemande par différentes passes. Quelle légèreté, quelle souplesse dans ses moindres mouvemens ! Aux poses lentes et gracieuses succédèrent bientôt les rapides tourbillons de la valse. Il y eut d'abord un peu de confusion. Les valseurs étoient nombreux, et pour la plupart novices. Nous les laissâmes prudemment jeter leur feu. Dès que les plus maladroits se furent retirés, nous reprîmes nos places, suivis d'Audran et de sa danseuse. Jamais je ne m'étois senti si agile ; je n'étois plus un homme. Tenir dans ses bras la plus charmante des créatures, voler avec elle comme la foudre, voir tout disparaître autour de soi, hors un seul objet..... Te le dirai-je, William ? je jurai tout bas qu'une femme que j'aimerois, sur laquelle je me croirois des droits, ne valseroit jamais avec un autre que moi ; et ce serment, je le tiendrai, dût-il m'en coûter la vie ! tu m'entends.

Nous fîmes quelques tours dans la salle en marchant, pour reprendre haleine, puis Charlotte alla s'asseoir. Je lui apportai les dernières oranges qui restoient, et que j'avois eu soin de mettre de côté. Elles parurent lui faire plaisir; mais à chaque quartier qu'elle offroit, par politesse, à une indiscrète voisine, il me sembloit qu'on me donnoit un coup de poignard dans le cœur.

A la troisième angloise, nous fûmes le second couple. Comme nous descendions la colonne, et que les bras enlacés dans ses bras, je m'enivrois de la vue de ses beaux yeux, qu'animoit une volupté vive et pure, nous vinmes figurer en face d'une femme dont la physionomie agréable avoit déjà attiré mon attention, bien qu'elle ne fût plus de la première jeunesse. Elle regarda Charlotte en souriant, la menaça du doigt, et prononça deux fois en passant le nom d'Albert, d'une manière expressive.

« Quel est cet Albert, dis-je à Charlotte, s'il n'y a pas d'indiscrétion à vous le demander? »

Elle alloit me répondre, quand la grande chaîne nous força de nous séparer. Je crus m'apercevoir au retour, qu'un léger nuage avoit obscurci son front.

« Pourquoi vous en ferois-je un mystère, me répondit-elle en me donnant la main pour la promenade? Albert est le nom d'un excellent homme, à qui je suis fiancée. »

Ce qu'elle me disoit ne m'étoit pas nouveau. Mes compagnes me l'avoient appris en chemin. Cependant j'en fus aussi frappé que si je l'entendois pour la première fois, tant les choses avoient changé de face, tant Charlotte m'étoit devenue chère, dans l'espace de quelques minutes! Je perdis la tête, je me jetai au travers de la contredanse, et Charlotte eut besoin de toute sa présence d'esprit pour rétablir l'ordre, en nous tirant par la main les uns après les autres.

Le bal n'étoit pas encore fini. Les éclairs

qui brilloient depuis longtemps à l'horizon, et que j'avois toujours donnés pour des éclairs de chaleur, commencèrent à devenir plus violens, et le tonnerre couvrit entièrement la musique. Trois femmes effrayées s'enfuirent à la hâte de leurs places. Leurs cavaliers les suivirent. Le désordre devint général. L'orchestre cessa de jouer. Un accident, ou un malheur qui nous surprend au sein du plaisir, nous affecte ordinairement davantage, soit à cause du contraste qu'il forme avec notre joie, soit plutôt parce que la sensibilité de nos organes une fois excitée, nous dispose à recevoir plus promptement et avec plus de force toutes sortes d'impressions. C'est sans doute à ces motifs qu'il faut attribuer les ridicules grimaces que je vis faire à un grand nombre de femmes. L'une des plus raisonnables courut s'asseoir dans un coin, tourna le dos à la fenêtre et se boucha les oreilles; une autre s'agenouilla devant la première et se cacha le visage dans son tablier; une troisième, qui s'étoit glissée entre les deux, embrassoit en pleurant sa petite sœur; celles-ci vouloient partir à l'instant; celles-là, sachant encore moins ce qu'elles faisoient, ne conservoient pas même assez de sang-froid pour réprimer la licence de quelques jeunes téméraires, qui se montroient fort empressés à dérober sur les lèvres des belles éplorées les ferventes prières qu'elles adressoient au ciel. Plusieurs hommes étoient descendus et fumoient tranquillement leurs pipes. Le reste de la compagnie se laissa conduire par l'hôtesse dans une chambre garnie de volets et de rideaux. Nous n'y fûmes pas plutôt entrés, que Charlotte forma un cercle avec des chaises, et, ayant invité tout le monde à s'asseoir, elle proposa un jeu pour passer le temps.

A ces mots, je vis plus d'un petit-maître, dans l'espoir d'un doux *gage touché*, se rengorger d'un air suffisant, et faire la bouche en cœur.

« Nous allons, dit Charlotte, jouer au jeu des nombres. Je vais courir dans le cercle de droite à gauche. Il faut que chacun nomme le nombre qui lui tombera quand je passerai devant lui, et cela doit se faire avec la promptitude de l'éclair, depuis un jusqu'à mille. Celui qui hésite ou se trompe reçoit un soufflet. Attention! je commence. »

C'étoit un plaisir de la voir courir en rond, les bras étendus. Un, dit le premier, deux, le second, trois, le troisième, et ainsi de suite. Insensiblement elle court plus vite, et toujours de plus en plus vite. Quelqu'un se trompe, un soufflet; seconde faute, second soufflet. J'en reçus deux pour ma part, et je crus sentir avec une secrète joie, qu'elle me les donna plus fort qu'aux autres. Des éclats de rire universels terminèrent le jeu, avant qu'on eût compté jusqu'à mille.

L'orage avoit cessé. La foule se dispersa. Les plus intimes formèrent des groupes séparés. J'accompagnai Charlotte dans la salle de bal.

« Avez-vous vu, me dit-elle en chemin, comme le jeu et le mouvement ont dissipé la frayeur générale? »

Je ne pus lui rien répondre.

« J'étois, continua-t-elle, une des plus

peureuses. L'effort que j'ai fait pour inspirer du courage aux autres, m'en a donné à moi-même. »

Nous nous approchâmes de la fenêtre. Il tonnoit encore dans le lointain. Une pluie abondante arrosoit la terre, et l'air étoit embaumé des plus suaves parfums. Charlotte appuyée sur son coude, dans une attitude pensive, parcouroit la contrée de ses regards. Je vis ses yeux se remplir de pleurs. Elle les leva tour à tour vers le ciel et vers moi; elle posa sa main sur la mienne : « O Klopstock, s'écria-t-elle ! » Aussitôt je me rappelai [1] l'ode sublime à laquelle elle faisoit allusion. Son émotion passa tout entière dans mon âme. Je ne me possédois plus. Je me penchai sur sa main, je la portai à mes lèvres et je l'inondai de mes larmes; puis, me relevant, j'osai contempler encore sa physionomie céleste. Divin Klopstock, que ne pouvois-tu y lire ton apothéose! Et moi, puissé-je à l'avenir ne

---

[1] L'ode sur la renaissance du printemps.

(*Note du traducteur.*)

plus entendre jamais prononcer ton nom sacré, par des bouches profanes!

Le 19 juin.

Je ne sais où j'en suis resté dernièrement de mon récit. Ce que je sais, c'est qu'il étoit deux heures après minuit quand je me couchai, et que, si j'avois pu causer avec toi au lieu de t'écrire, je t'aurois vraisemblablement retenu jusqu'au jour.

Je ne t'ai pas conté ce qui se passa à notre retour du bal. Je ne t'en dirai encore qu'un mot aujourd'hui.

Le soleil se levoit, resplendissant de lumière, lorsque nous montâmes en voiture. Les arbres de la forêt étoient chargés de perles liquides, et la campagne rafraîchie, sembloit animée d'une vie nouvelle. Bientôt nos compagnes s'endormirent. Charlotte me demanda si je n'avois pas envie d'en faire autant, et me pria de ne pas me contraindre pour elle. « Aussi longtemps que je verrai ces yeux ouverts, lui répondis-je en la regardant fixement, il n'y a point de danger que le sommeil s'approche des miens. » Nous fîmes bonne contenance jusqu'à la porte du bailli. Une servante ouvrit sans bruit. Charlotte s'informa des nouvelles de son père et des enfans. Ils se portoient tous bien et dormoient encore. Je la quittai avec la permission de revenir la voir le soir même. Je l'ai revue; et maintenant le soleil et les astres peuvent achever tranquillement leurs révolutions; je ne sais plus quand il est nuit, ni quand il est jour. Elle seule existe pour moi dans l'univers!

Le 21 juin.

Mes jours s'écoulent au sein d'une félicité, peu s'en faut semblable à celle que Dieu réserve à ses élus; et désormais, quelque chose qui m'arrive, je n'en aurai pas moins goûté les délices, les plus pures délices de la vie.

Tu connois mon Walheim. Je n'en sors presque plus. Là, je ne suis qu'à une demi-lieue de chez Charlotte; là je jouis de moi-même et de tout le bonheur dont le cœur humain est susceptible.

Qui m'eût dit, quand je faisois de ce hameau le but ordinaire de mes promenades, qu'il étoit situé si près du ciel? Combien de fois, dans mes courses solitaires, me suis-je arrêté, tantôt au sommet de la colline, tantôt dans la plaine au delà du fleuve, pour contempler cette demeure, qui renferme aujourd'hui l'unique objet de mes affections!

Cher William, j'ai souvent réfléchi sur le désir naturel à l'homme d'exercer son activité, de faire des découvertes, de s'étendre au loin; puis, sur le penchant secret qui le ramène au foyer domestique, sous l'empire de ses premières habitudes, et finit par le rendre indifférent à tout ce qui se passe autour de lui.

La première fois que des hauteurs de Walheim je découvris la romantique contrée qui se dérouloit sous mes yeux, je ne puis te peindre mon ravissement. Je me sentois de toutes parts comme attiré par un charme magique. Ce petit bois touffu, me disois-je, que son ombrage doit être agréable et frais! Quel plaisir d'embrasser de cette cime lointaine l'immense étendue! Ces collines enchaînées les unes aux autres, ces rians vallons, ah! que je voudrois m'égarer dans leurs nombreux contours! Séduit par la perspective, je m'élançois plein d'ardeur, et je revenois bientôt sur mes pas, triste et confus d'avoir été trompé dans mon attente. Il en est de l'éloignement comme de l'avenir. Un horizon mystérieux, sans bornes, s'ouvre devant nous. Nous y plongeons avidement nos regards, notre pensée. Tourmentés d'une vague inquiétude, en proie à d'ardens désirs, nous brûlons d'aborder des régions inconnues, où nous plaçons le séjour d'une félicité imaginaire. Y sommes-nous entrés? L'avenir est-il devenu le présent? Rien de changé dans notre condition;

la même misère nous accable, nous gémissons sous le poids des mêmes entraves, et notre âme épuisée, languissante, aspire encore à ressaisir le fantôme imposteur qui a fui devant elle.

Ainsi, las de sa vie errante, le plus obstiné vagabond soupire enfin après sa patrie. De retour sous son humble toit, il trouve près de sa femme, au milieu de ses enfans, dans les soins nécessaires à la subsistance de sa famille, le bonheur qu'il alloit en vain chercher aux extrémités du monde.

Le matin[1], dès l'aube du jour, je me rends à Walheim. Le jardin de la bonne hôtesse me fournit des pois verts pour mon

---

[1] « Lorsque le matin, au lever du soleil, je me rends à « mon Walheim, que je cueille mes pois goulus dans le jar- « din de l'hôtesse, que je les écosse tout en lisant mon « Homère; lorsque ensuite, me choisissant un pot dans la « petite cuisine, j'y mets du beurre, je place mes pois devant « le feu, je les couvre et m'assieds auprès pour les remuer « de temps en temps ; comme je me représente alors les « fiers amans de Pénélope tuant, dépeçant et rôtissant eux- « mêmes leurs bœufs et leurs cochons ! Rien n'excite dans « mon âme une sensibilité si douce et si vraie que ces « mœurs de la vie patriarcale, que je puis, grâce à Dieu, « entremêler sans affectation dans la mienne. »

déjeûner. Je les écosse, tout en lisant mon Homère. Quelquefois, m'établissant dans la petite cuisine, je m'amuse à les assaisonner. Je me représente alors les fiers amans de Pénélope, faisant eux-mêmes les apprêts de leurs rustiques repas. J'aime la naïveté des mœurs antiques. Elle a pour mon cœur un charme qui le touche et qui l'apaise. Heureux quand je puis, sans affectation, y conformer ma manière de vivre !

Oh[1] ! que je conçois bien la joie simple, innocente de l'homme qui pose sur sa table le chou cultivé de sa main ! Plus d'un doux souvenir se retrace au même instant à sa pensée. Il songe avec délices à la belle matinée où il le planta, aux soirées paisibles où il l'arrosoit, au plaisir qu'il prenoit à le

---

[1] « Oh que je me sais bon gré d'être capable de concevoir le plaisir simple, innocent de l'homme qui sert sur sa table le chou cultivé de sa main ! Ce n'est pas seulement la vue de son chou, c'est encore le souvenir de la belle matinée où il le planta, des délicieuses soirées où il l'arrosoit, du plaisir qu'il prenoit à le voir croître chaque jour; c'est tout cela ensemble qui excite dans un même instant les transports de sa joie. »

voir croître et s'arrondir chaque jour sous ses yeux.

Le 29 juin.

Le médecin de la ville vint avant-hier chez le bailli. Il me trouva couché par terre au milieu des enfans, et prenant part à leurs jeux. Les petits espiègles me tiroient par les pans de mon habit, ils me pinçoient, ils me faisoient mille niches. Moi, je les chatouillois, c'étoient des éclats de rire, un tintamarre épouvantable. Le docteur, personnage grave et méthodique, qui ne cesse d'ajuster en parlant les plis de ses manchettes et d'étaler un énorme jabot, jugea ma conduite au-dessous de la dignité d'homme. Il me le témoigna par son air dédaigneux. Je ne fis pas semblant de m'en apercevoir, et, le laissant pérorer à son aise, je relevai le château de cartes qu'avoient abattu les enfans. De retour à la ville, le pédantesque animal ne manqua pas d'aller débiter partout, que les enfans du bailli étoient déjà assez mal élevés, sans que M. Werther achevât de les gâter entièrement.

Oui, mon cher William, les enfans sont sur la terre les êtres que j'affectionne le plus. J'aime à étudier leur caractère, à découvrir en eux, jusque dans les moindres choses, le germe des vertus, le principe des forces qui leur seront un jour si nécessaires. Je lis dans l'obstination de l'un, le présage d'une âme ferme et généreuse ; dans l'étourderie de l'autre, l'indice de l'aimable gaieté, et d'une heureuse disposition d'esprit à glisser sur les écueils de la vie. Leur naïveté, leur candeur m'enchantent. Toujours, toujours je me rappelle les paroles du divin Législateur des hommes : *Si vous ne devenez semblables à l'un d'eux.* Cependant, mon ami, ces enfans, nos égaux, nos modèles, nous les traitons en esclaves. Nous ne leur souffrons aucunes volontés. N'avons-nous donc pas les nôtres? Et sur quoi fonder cet injuste privilége? Est-ce sur l'avantage de l'âge et de l'expérience? Grand Dieu, du haut du ciel, séjour de ta gloire, tu vois de vieux, de jeunes enfans, et rien de plus; et ton Fils nous a, dès longtemps, appris quels sont ceux que tu préfères; mais ils croient en lui, et ils ne l'écoutent pas. Oui, tels ils sont, et tels ils ont été depuis le commencement des siècles, et ils forment leurs enfans à leur image, et..... Adieu, William, je ne veux pas pousser plus loin ces divagations.

Le 1ᵉʳ juillet.

Heureux le malade consolé par Charlotte! Je le sens à mon pauvre cœur, plus malade cent fois que l'infortuné gisant sur son lit de douleur.

Elle va passer quelques jours à la ville chez une respectable dame de ses amies qui se meurt, au dire des médecins, et qui a désiré l'avoir auprès d'elle dans ses derniers momens.

Nous fûmes ensemble, l'autre semaine, rendre visite au pasteur de Saint-***, petit village situé à une lieue d'ici dans la montagne. Nous y arrivâmes vers quatre heures du soir. Charlotte avoit emmené sa sœur cadette. Lorsque nous entrâmes dans la cour du presbytère, ombragée par deux grands noyers, le bon vieillard étoit assis sur un banc, devant sa porte. A la vue de Charlotte, il sentit ses forces se ranimer, il oublia son bâton noueux, et hasarda d'aller à sa rencontre; mais elle le prévint, l'obligea de se rasseoir, et prenant place à ses côtés, tandis qu'elle s'acquittoit des complimens dont le bailli l'avoit chargée pour lui, elle caressoit son petit garçon, l'enfant gâté de sa vieillesse, tout laid et tout maussade qu'il étoit. Il falloit voir comme elle s'occupoit du vénérable pasteur, comme elle élevoit la voix, de peur qu'il ne s'aperçût de sa surdité! Pour le rassurer sur son grand âge, elle lui citoit la mort prématurée de plusieurs jeunes gens robustes, enlevés subitement à la fleur de l'âge. Elle lui vantoit la vertu des eaux de Carlsbad, louoit sa résolution d'aller y passer la saison prochaine; enfin elle se réjouissoit de le trouver beaucoup mieux portant et plus gai, qu'à la dernière visite qu'elle lui avoit faite.

Pendant ce temps, je m'entretenois avec la femme du pasteur. La figure de celui-ci s'épanouissoit de moment en moment. Voyant que je ne pouvois détacher mes yeux des deux beaux noyers qui nous couvroient de leur ombre, il se mit, quoiqu'avec un peu de peine, à nous en raconter l'histoire.

« Le plus vieux, dit-il, nous ignorons qui l'a planté. Ceux-ci nomment tel pasteur, ceux-là tel autre. Quant au plus jeune, ici derrière nous, il est de l'âge de ma femme. Il aura cinquante ans, vienne le mois d'octobre prochain. Son père, mon prédécesseur dans cette cure, le planta le jour de sa naissance. Je n'ai pas besoin de vous dire combien cet arbre lui étoit cher. Il ne me l'est certainement pas moins. Ma femme filoit, assise sous son ombrage, quand j'entrai pour la première fois dans cette cour, il y a environ vingt-sept ans; je n'étois encore qu'un pauvre étudiant. »

Charlotte l'interrompit pour lui demander des nouvelles de sa fille.

Il répondit qu'elle étoit allée avec M. Schmidt surveiller les faneuses dans la prairie; et reprenant son récit, il nous raconta comment, ayant eu le bonheur de gagner les bonnes grâces de l'ancien pasteur, et de plaire à sa fille, il étoit devenu son gendre, son vicaire, et ensuite son successeur.

Il finissoit à peine, lorsque mademoiselle Frédérica[1] arriva par le jardin, accompagnée de M. Schmidt. Elle courut à Charlotte et l'embrassa cordialement. Je t'avoue-

[1] Goethe, en décrivant cette scène, avoit sans doute présente à l'esprit une aventure de sa jeunesse, racontée avec beaucoup d'agrément dans ses Mémoires. Le nom de Frédérica qu'il donne ici à la fille du pasteur de Saint-***, est celui de la fille du pasteur de Sesenheim, pour laquelle il conçut une fort vive passion pendant le séjour qu'il fit à Strasbourg, lorsqu'il y étudioit le droit.

(*Note du traducteur.*)

rai qu'elle ne me déplut pas. C'est une jeune brune, faite à peindre, fraîche et piquante, avec laquelle on passeroit fort agréablement son temps à la campagne. Son amant (car tel nous parut d'abord M. Schmidt) est un bel homme, mais froid et taciturne à l'excès. Il ne voulut jamais prendre part à la conversation, quelque chose que fît Charlotte pour l'y engager : ce qui me choqua d'autant plus, qu'à en juger par sa physionomie, son silence venoit moins de défaut d'esprit, que de caprice et de mauvaise humeur. J'en acquis trop tôt la preuve. Frédérica s'étant écartée un moment à la promenade avec Charlotte, et par accident avec moi, le visage de M. Schmidt, déjà fort sombre, se rembrunit au point que Charlotte crut devoir me tirer par le bras, et m'avertir d'être un peu moins empressé auprès de la jeune personne.

Je ne puis me défendre d'un sentiment douloureux, au spectacle des maux que se font gratuitement les hommes. Je gémis surtout de voir des jeunes gens, à l'âge heureux où la nature ouvre leurs âmes à tous les genres de jouissances, troubler eux-mêmes, par de sombres manies, le cours fugitif de leurs beaux ans, et ne s'apercevoir, hélas! de leur démence, que quand les suites en sont irréparables. Cette pensée me contristoit le cœur, et le soir, à notre retour au presbytère, où le bon vieillard nous avoit préparé une petite collation, la conversation étant venue à tomber sur les plaisirs et sur les peines de la vie, je pris de là occasion de faire une violente sortie contre la mauvaise humeur.

« Nous nous plaignons, dis-je, et le plus souvent sans cause, d'avoir si peu de bons jours en partage parmi tant de mauvais. Si nous étions toujours disposés à jouir du bien que la Providence nous envoie, nous ne manquerions pas non plus de force pour supporter le mal quand il vient.

« Mais, observa la femme du pasteur, qui peut se flatter d'être en tout temps maître de son humeur? Dans quelle étroite dépendance l'âme n'est-elle pas du corps? Dès que l'un souffre, l'autre est à la gêne.

« J'en conviens. Nous traiterons donc l'humeur comme une maladie. Voyons si elle incurable.

« C'est cela, dit Charlotte. Pour moi je pense que le remède est en grande partie dans nos mains. Je le sais par expérience ; si j'éprouve quelque contrariété, s'il me prend envie de gronder, je fais un tour ou deux de jardin en sautant, en fredonnant un air de danse, et mon humeur se dissipe à l'instant.

« Voilà ce que je voulois dire. Il en est de la mauvaise humeur comme de la paresse (ces deux vices ont beaucoup d'analogie). Nous ne sommes que trop naturellement enclins au dernier. Eh bien ! si nous nous armions une bonne fois de courage, bientôt le travail nous deviendroit facile, et nous trouverions dans l'activité une source réelle de jouissance. »

Frédérica étoit très-attentive. Le jeune homme, se mêlant alors à la conversation, m'objecta qu'on ne disposoit de soi que jusqu'à un certain point, et qu'il étoit impossible de commander à toutes ses impressions.

« Eh quoi! repartis-je, il s'agit ici d'une impression pénible, d'une impression que chacun voudroit repousser; mais comment connoître l'étendue de ses forces, avant de les avoir éprouvées? Où est le malade qui ne s'empresse de consulter les médecins les plus habiles, qui ne se soumette au plus rigoureux traitement, au régime le plus sévère, pour recouvrer la santé, le premier des biens de la vie? »

Je m'aperçus que le bon pasteur avançoit la tête pour mieux entendre. J'élevai la voix, et me tournant vers lui : « On a coutume, dis-je, de tonner en chaire contre tous les vices; je m'étonne qu'on n'ait pas encore songé à prêcher contre l'humeur[1].

« Oh! répondit-il, ceci regarde les prédicateurs de ville. Nos villageois ne connoissent pas l'humeur. Je ne ferois pourtant pas mal, je crois, d'en toucher de temps en temps quelque chose au prêche, quand ce

[1] Nous avons maintenant un excellent sermon de Lavater sur ce sujet.

ne seroit que pour servir de leçon à ma femme et à M. le bailli. »

Tout le monde se mit à rire, et le vieillard aussi, de si bon cœur, qu'il fut pris d'une quinte de toux qui nous obligea de garder un moment le silence.

M. Schmidt le rompit le premier. « Vous avez nommé l'humeur un vice, me dit-il, ceci me semble exagéré.

« En rien, repris-je, si ce qui nuit également à nous-mêmes et à autrui, mérite en effet ce nom. N'étoit-ce donc pas assez de la triste impuissance où nous sommes le plus souvent, de contribuer au bonheur les uns des autres, falloit-il encore nous priver mutuellement de la satisfaction que chacun de nous pourroit trouver au fond de son cœur? Quel homme sujet à l'humeur peut se flatter d'avoir assez de force d'âme pour la dissimuler toujours, pour en souffrir seul, pour ne point corrompre la joie de ceux qui l'environnent? Soyons vrais; l'humeur a sa source dans le sentiment de notre infériorité, dans un découragement secret, triste fruit de l'envie et de la vanité.

Nous voyons autour de nous des créatures heureuses, dont le bonheur n'est pas notre ouvrage, et cette vue nous est insupportable. »

Charlotte sourit de la véhémence avec laquelle je m'exprimois. Une larme de Frédérica m'encouragea à poursuivre.

« Malheur, malheur à toi ! m'écriai-je, être dur et barbare, qui abuses de ton empire sur une âme tendre, pour lui ravir les simples jouissances qu'elle goûte en elle-même ! Ni tes soins empressés, ni les trésors du monde entier ne sauroient racheter un instant de cette félicité intime, dont tes jaloux transports l'ont privée sans retour. »

Mon cœur étoit plein. Les souvenirs du passé s'y pressoient en foule, et mes yeux se remplirent de pleurs.

« Ah ! poursuivis-je, si chacun de nous se répétoit sans cesse : tout ce que tu peux faire pour tes amis, c'est de ne point troubler leurs plaisirs, c'est d'augmenter leur bonheur en le partageant avec eux ; car, dès que leur sein est en proie au noir chagrin, aux orages des passions, il ne dépend pas de toi d'y ramener le contentement, ni la paix !

« Et quand la dernière heure, l'heure fatale a sonné pour l'innocente créature que tes barbares caprices ont précipitée, à la fleur de l'âge, dans la nuit du tombeau, qu'étendue sans mouvement, l'œil éteint, les lèvres pâles, déjà la sueur de la mort inonde son front décoloré, je t'aperçois debout, à côté de son lit, dans l'attitude d'un condamné. En vain le regret s'empare de ton âme, en vain le remords la déchire; il n'est plus temps, le coup funeste est porté. Ni le sacrifice de tes biens, ni celui de tes jours même ne sauroient rendre une ombre de force, une étincelle de vie à ta victime infortunée. »

L'image d'une pareille scène dont j'avois été témoin, se retraça en ce moment, dans toute son horreur, à ma pensée. Je m'éloignai, en couvrant mon visage de mon mouchoir. Je ne revins à moi qu'à la voix de Charlotte qui m'appeloit pour partir. Comme elle me gronda en chemin de l'excès de ma sensibilité ! « Vous vous tuerez,

me dit-elle ; il faut vous ménager. » Oh !
oui, fille angélique, je te le promets, je veux
vivre... pour l'amour de toi !

Le 6 juillet.

Elle est toujours auprès de son amie
mourante, toujours cette douce et angélique créature dont la seule présence répand la joie et calme les douleurs. Hier au soir je sus qu'elle étoit allée se promener avec Marianne et la petite Amélie. Je fus la joindre. Après une heure et demie de marche, nous reprîmes le chemin de la ville. Nous nous reposâmes un moment près de la fontaine, de cette fontaine qui m'étoit jadis si chère, et qui me l'est aujourd'hui mille fois davantage. Charlotte s'assit sur le petit mur. J'étois debout, devant elle, en silence, je promenois de tous côtés ma vue autour de moi. Le temps passé revivoit dans ma mémoire ; et, en me rappelant les tristes jours

de mon indifférence, j'en sentois mieux le prix de ma situation présente. « Fontaine chérie, me disois-je, maintenant je ne viens plus respirer ta douce fraîcheur. Je passe rapidement sur tes bords, souvent même sans te donner un regard! »

Je fus tiré de ma rêverie par la petite Amélie qui remontoit l'escalier avec un verre plein d'eau, dont elle paroissoit fort embarrassée. Marianne voulut le lui ôter. « Non, s'écria-t-elle de la plus douce voix du monde, c'est à Charlotte à boire la première! » Charmé de la grâce de cette aimable enfant, je la pris dans mes bras et la baisai tendrement. Elle se mit à pleurer.

« Vous avez mal fait, me dit Charlotte. »
J'étois interdit.

« Viens, Amélie, lui dit-elle, en la prenant par la main et la conduisant à la fontaine, viens laver ton visage dans l'eau fraîche. Allons, vite! vite! tout à l'heure il n'y paroîtra plus. »

J'admirois l'empressement de l'enfant à se frotter les joûes de ses deux petites mains, dans la ferme persuasion que cette eau merveilleuse avoit la vertu d'effacer toute souillure, et d'empêcher qu'il ne lui vînt une vilaine barbe au menton. Charlotte avoit beau crier : « Assez ! assez ! » elle n'en continuoit qu'avec plus d'ardeur, s'imaginant ne pouvoir jamais en trop faire [1].

Le soir, encore dans l'enchantement de cette jolie scène, je m'avisai de la raconter à un homme à qui je supposois du bon sens, parce qu'il a de l'esprit. Quelle fut ma surprise de l'entendre me dire gravement, que Charlotte avoit eu très-grand tort; qu'on ne devoit en imposer, sous aucun prétexte, aux enfans; que c'étoit au contraire une obligation de les prémunir, dès le berceau, contre toute espèce de préjugés et de superstitions, etc., etc. [2]. Je me gardai de lui rien répondre, et n'en de-

---

[1] « Je t'assure, cher William, que je n'assistai de ma vie « avec plus de respect à la cérémonie d'un baptême. Quand « Charlotte remonta l'escalier, j'étois tenté de me proster- « ner devant elle, comme devant un prophète qui vient de « laver les iniquités de tout un peuple. »

[2] « Je me souvins alors que cet homme avoit fait baptiser, « il n'y avoit pas huit jours, un de ses enfans. »

meurai pas moins convaincu, au fond du cœur, de cette grande vérité : qu'il nous faut agir avec les enfans, comme Dieu lui-même agit avec nous. Eh! nous rend-il jamais plus heureux que lorsqu'il nous livre à d'agréables chimères?

Le 8 juillet.

Que nous sommes enfans! Comme notre destin dépend d'un coup d'œil! Que nous sommes enfans! On avoit arrangé une partie de campagne à Walheim. Les dames s'y étoient rendues en voiture. Pendant la promenade, je crus lire dans les yeux noirs de Charlotte.... Mon ami, je suis un insensé, prends pitié de mon délire!... Mais, ces yeux, que n'étois-tu là pour en interpréter le langage [1]! Vers le soir, les dames

[1] « Bref, car je tombe de sommeil. »

remontèrent en voiture. Le jeune W***, Selstadt, Audran, debout autour de la portière, leur débitoient ces fades complimens, ces lieux communs de galanterie, qu'elles écoutent toujours avec tant de complaisance. Cependant j'épiois avidement les moindres mouvemens de Charlotte. Elle sourioit tantôt à l'un, tantôt à l'autre, et moi, moi qui étois là, immobile, muet, absorbé en elle, moi qui bornois tous mes vœux à la faveur d'un regard, je ne pus l'obtenir! Mon cœur lui adressoit mille adieux, et elle ne sembloit seulement pas s'apercevoir de ma présence! Une larme vint mouiller ma paupière. Le carrosse partit. Je le suivis des yeux, aussi longtemps que je pus le distinguer. J'aperçus enfin Charlotte qui avançoit la tête pour regarder.... qui? moi?... Heureuse incertitude, tu fais ma consolation! Peut-être étoit-ce moi qu'elle regardoit! Peut-être...! Adieu, oh! que je suis enfant!

Le 10 juillet.

La sotte figure que je fais dans le monde quand on y parle d'elle, quand par hasard on me demande si elle me *plaît?* Si elle me *plaît?*... Je hais ce mot à la mort. Quel est l'homme à qui Charlotte ne feroit que *plaire*, l'homme des sentimens, des facultés duquel elle ne disposeroit pas en maîtresse absolue? Dernièrement aussi quelqu'un me demandoit si Ossian me *plaisoit?*

Le 11 juillet.

Madame M*** est fort mal. Je prie le ciel de veiller sur ses jours; car je partage toutes les peines de Charlotte. Je ne la vois plus que rarement chez son amie. Aujourd'hui, elle m'en racontoit un trait singulier.

M. M*** est un vieux ladre qui a causé bien du tourment à sa femme par son humeur chagrine et par sa sordide avarice. Cependant la bonne dame savoit se ménager des ressources à son insu. Il y a quelques jours, les médecins l'ayant avertie de sa fin prochaine, elle fit appeler son mari et lui parla ainsi en présence de Charlotte :

« Il faut que je vous fasse un aveu qui vous épargnera, après ma mort, beaucoup d'embarras et de soucis. J'ai pris soin jusqu'ici de votre ménage avec autant d'ordre et d'économie que je l'ai pu. Je dois pourtant vous demander pardon de vous avoir trompé pendant trente ans. Au commencement de notre mariage, vous ne m'accordâtes pour l'entretien de votre table et pour les dépenses courantes, qu'une somme très-modique. L'état de notre maison s'étant accru par la suite avec notre fortune, vous ne voulûtes jamais augmenter cette somme dans la même proportion. Enfin vous vous souvenez que dans ces derniers temps, où nous recevions le plus de monde, vous exigiez que je pourvusse à tout avec sept florins par semaine. Je ne me permis aucune représentation, me réservant de prendre chaque semaine le surplus dans votre caisse. Je savois que personne n'oseroit suspecter la probité de votre femme. Je n'ai rien dissipé ; ma conscience est nette, et j'aurois emporté sans scrupule mon secret dans la tombe, si je n'avois cru cette confidence nécessaire à la justification de celle qui me remplacera dans mes pénibles fonctions. Privée en effet des ressources indispensables dont je disposois en cachette, il lui seroit impossible de se tirer, comme moi, d'affaire, et vous auriez toujours mon exemple à lui opposer. »

J'admirai avec Charlotte l'étrange aveuglement de cet homme qui ne soupçonnoit nulle supercherie dans la conduite de sa femme, et s'imaginoit bonnement pouvoir subvenir, avec sept florins par semaine, à une dépense de plus du double. Mais j'ai connu des gens à qui on auroit fait accroire qu'ils étoient en possession de la cruche d'huile perpétuelle du prophète.

Le 13 juillet.

Je ne m'abuse pas; elle prend à moi, à mon sort, un véritable intérêt. Je sens, oui, je puis en croire mon cœur, je sens... achèverai-je? Ce mot divin, ma bouche osera-t-elle le prononcer? Mon ami, je sens qu'elle m'aime.

Elle m'aime! ô triomphe enivrant! ô félicité suprême[1]! Que cette idée m'élève et m'honore à mes propres yeux!

Est-ce présomption? est-ce conscience d'un sentiment réciproque? Je ne connois point d'homme qui puisse me faire ombrage dans le cœur de Charlotte; et pourtant cha-

---

[1] « Comme.... j'ose te le dire à toi (car tu as assez d'es-
« prit pour me comprendre), comme je m'adore moi-
« même, depuis qu'elle m'aime. »

que fois qu'elle prononce devant moi le nom de son fiancé, ou qu'elle parle de lui avec estime, avec affection, le fragile édifice de mon bonheur s'écroule à l'instant; je demeure tel qu'un ambitieux soudainement déchu de son rang, de son crédit, de ses dignités ; tel qu'un guerrier malheureux, forcé de rendre au vainqueur sa vaillante épée.

Le 16 juillet.

Quel feu brûlant se répand dans mes veines, quand par hasard ma main effleure la sienne, lorsqu'assis à table à côté d'elle, mon pied rencontre le sien! Je l'en retire précipitamment comme d'un brasier, une force irrésistible l'y ramène. Mes sens se troublent, ma vue se couvre d'un nuage. Oh! son âme innocente et pure ignore ce que je souffre des légères familiarités qu'elle prend, sans y songer avec moi ! Si dans la chaleur de la conversation elle pose sa main sur la mienne, ou s'approche assez de moi pour que le parfum de son haleine parvienne jusqu'à mes lèvres, l'effet de la foudre est moins prompt; je suis prêt à défaillir. Cher William, ah! si jamais, abusant de cette confiance ingénue, de cette angélique candeur, j'osois... tu m'entends! Non, mon cœur n'est pas si corrompu; mais il est foible, bien foible, hélas! et de la foiblesse à la corruption il n'y a qu'un pas.

Non, Charlotte est sacrée à mes yeux. Le désir se tait en sa présence. Je ne sais ce qui se passe en moi, quand je suis auprès d'elle. Je ne me connois plus. Toutes les puissances de mon âme sont bouleversées.

Elle a un air, son air favori, dont l'expression simple et touchante calme à l'instant mon agitation, et suspend le sentiment de mes peines. Aucun des prodiges qu'on raconte de l'antique harmonie ne me surprend plus; Charlotte les surpasse tous. Souvent, dans l'égarement du désespoir, je suis capable de me porter aux dernières extrémités. Elle joue sur son clavecin cet air magique. Dès les premières notes mon trouble s'apaise, les ténèbres de mon esprit se dissipent, je respire plus librement.

Le 18 juillet.

Sans l'amour, William, qu'est-ce que le monde entier pour le cœur de l'homme ? ce qu'est une lanterne magique sans lumière. A peine y introduisez-vous la petite lampe, des figures de mille formes, de mille couleurs se dessinent sur la blanche muraille. Et, quand tout ce qui nous charme ici-bas ne seroit que vaines illusions, qu'ombres fugitives, jouissons toujours, jouissons, enfans que nous sommes, de ces merveilleuses apparitions.

Il m'a été impossible de la voir aujourd'hui. Des importuns m'ont obsédé sans relâche. Que faire? Sous prétexte d'une commission, je lui ai envoyé mon petit Fritz, pour avoir du moins près de moi quelqu'un qui eût approché d'elle dans la journée. Avec quelle impatience j'ai attendu son retour! avec quelle joie je l'ai revu! Je lui aurois sauté au cou, si je n'avois eu honte de ma foiblesse.

On dit que la pierre de Bologne exposée au soleil, se pénètre de ses rayons et brille ensuite quelque temps dans l'obscurité : tel étoit pour moi mon petit Fritz. L'idée que les regards de Charlotte s'étoient arrêtés sur lui[1] me rendoit sa personne chère et sacrée. Non, je n'aurois pas donné cet enfant pour son pesant d'or. Sa présence me faisoit tant de bien! Le ciel te préserve d'une misérable envie de railler! William, peut-on traiter de chimère ce qui nous rend heureux?

[1] « L'idée que les regards de Charlotte s'étoient arrêtés « sur son visage, sur ses joues, sur les boutons de son habit, « sur le collet de son surtout, me rendoit tout cela si pré- « cieux! si sacré! »

Le 19 juillet.

Je la verrai! m'écriai-je le matin en saluant à mon réveil la naissante aurore; je la verrai! et le reste du jour je n'ai plus d'autre désir, plus d'autre espoir. Tout, tout se borne pour moi à cette seule pensée : je la verrai!

Le 20 juillet.

Non, mon ami, je ne puis me résoudre encore à suivre, comme vous m'en donnez le conseil, l'ambassadeur à D***. Je n'aime guère la dépendance, et l'on connoît assez le caractère impérieux de cet homme. Ma mère, dis-tu, souhaiteroit de me voir occupé. J'ai peine à m'empêcher de rire; eh suis-je donc oisif à son gré? Qu'importe au fond l'emploi que je fais de mon temps[1]? les plus sérieuses affaires de ce monde sont-elles autre chose que de pures balivernes? Mais, entre nous, l'homme qui cédant sottement à l'influence d'autrui, sans goût personnel, sans nécessité, consume sa vie dans de pénibles travaux pour un peu d'or, de vanité, ou quelque autre semblable fumée, cet homme-là est à coup sûr un imbécile ou un fou.

Le 24 juillet.

Puisque tu as tant à cœur que je ne néglige point mon dessin, je devrois éviter de répondre à cet article de ta lettre, pour n'avoir pas à te faire l'aveu de ma paresse.

Jamais, mon ami, je ne fus si heureux, jamais je n'eus un sentiment plus vif, plus

[1] « N'est-ce pas au fond la même chose, que je compte
« des pois, ou des lentilles ? »

profond des beautés de la nature¹; mais comment m'exprimerai-je? La faculté créatrice me manque; mes idées incertaines et confuses, se ressentent du désordre de mon âme. Je suis incapable de dessiner le moindre trait. Si j'avois sous ma main de la cire ou de l'argile, j'en tirerois, je crois, meilleur parti. Pour peu que cela dure, je me procurerai de l'argile, et je la pétrirai à tout hasard².

Trois fois j'ai commencé le portrait de Charlotte, et trois fois j'ai complétement échoué. Cet affront m'a été d'autant plus sensible, que depuis quelque temps je réussissois assez bien à saisir la ressemblance. Dans mon dépit j'ai crayonné sa silhouette, et il faudra que je m'en contente.

¹ « Jusqu'à un brin d'herbe, jusqu'à un petit caillou. »
² « Dussé-je ne faire que des boulettes. »

Le 28 juillet.

J'ai déjà formé vingt fois la résolution de ne pas la voir si souvent; mais comment y être fidèle? Tous les jours je me promets de résister à la tentation, et tous les jours j'y succombe. Demain, me dis-je (j'en fais le serment), je ne sortirai pas de chez moi. Le lendemain vient; avec lui quelque raison indispensable de sortir. Avant de m'en apercevoir, je me retrouve près d'elle. Charlotte m'a dit, le soir en la quittant : « Vous reviendrez demain ? » Le moyen d'y manquer ? Elle m'a donné une commission : puis-je me dispenser d'aller moi-même lui en rendre compte ? Quelquefois aussi la

Le 26 juillet.

« Oui, chère Charlotte, je disposerai, j'arrangerai tout
« au gré de vos désirs. Donnez-moi souvent, donnez-moi le
« plus souvent possible les occasions de vous servir; mais
« de grâce, plus de sable sur vos lettres. En portant brus-
« quement à mes lèvres celle que vous m'écrivîtes ce matin,
« j'ai senti le sable craquer sous mes dents. »

beauté du temps invite à la promenade. Je me rends à Walheim. De là chez Charlotte, il n'y a plus qu'une demi-lieue. Imprudent que je suis de m'être engagé si avant ! La force d'attraction m'entraîne, en un clin d'œil me voilà chez elle.

Ma grand'mère nous faisoit un conte d'une montagne d'aimant située sur le rivage de la mer. Quelque vaisseau avoit-il le malheur de s'en approcher de trop près ? il se voyoit tout à coup dépouillé de ses ferremens ; les clous alloient d'eux-mêmes s'attacher à la montagne, et les malheureux passagers s'abîmoient dans les flots entre les débris du navire.

Le 30 juillet.

Albert est arrivé, il faut que je parte. Fût-il le meilleur, le plus généreux des mortels ; eût-il tous les droits imaginables à mes égards, à ma déférence, jamais je ne pourrois le voir sous mes yeux possesseur d'un tel trésor. Possesseur...! Il suffit, William, le fiancé de Charlotte est arrivé. C'est un bon, un aimable homme, qu'il est impossible de haïr. Heureusement je n'ai pas été témoin de leur entrevue. Elle m'auroit déchiré l'âme. Il ne l'a point encore embrassée en ma présence. Je dois l'aimer à cause du respect qu'il lui témoigne. Je n'ai d'ailleurs qu'à me louer de ses procédés pour moi. Peut-être, à la vérité, en suis-je moins redevable à sa bienveillance qu'aux bons offices de Charlotte ; car les femmes (il faut leur rendre cette justice), les femmes ont toujours grand soin de maintenir, autant qu'elles peuvent, l'harmonie entre deux amans rivaux, et elles font bien : quelque rare que soit le succès de leurs efforts, quand elles réussissent, il y a tout à gagner pour elles.

Je ne saurois refuser mon estime à Albert. Son extérieur froid, ses goûts tranquilles contrastent avec l'inquiète ardeur, avec la fougue indomptable de mon caractère. Il ne manque point d'une certaine sensibilité, et paroît apprécier l'étendue de son bonheur. Je le crois aussi, peu sujet à l'humeur, celui de tous les défauts, comme tu sais, que je déteste le plus.

Il daigne m'accorder quelque mérite. Mon attachement pour Charlotte, l'intérêt si vif que je prends à ce qui la touche, flattent sa vanité et lui rendent plus chère sa conquête. Te dire qu'il ne la tourmente pas quelquefois par de légers soupçons, c'est ce que je n'oserois affirmer. A sa place, j'aurois bien de la peine à fermer entièrement mon cœur au démon de la jalousie.

Quoi qu'il en soit, c'en est fait du bonheur que je goûtois près de Charlotte. Est-ce folie? est-ce aveuglement? qu'importe le nom? la chose parle assez d'elle-même. Je savois, avant l'arrivée d'Albert, ce que je sais aujourd'hui ; je savois que toute prétention m'étoit interdite ; je n'en élevois aucune. J'imposois silence au désir même, autant du moins que je pouvois le faire, à la vue de tant de charmes. Et maintenant, pauvre insensé, malheureux visionnaire, d'où naissent ta surprise, ta consternation, lorsque le propriétaire, de retour, réclame ses droits et s'empare de son bien ?

Je vous entends d'ici, vains discoureurs, pédagogues inhumains, me prêcher la résignation à des maux sans remède. Qui me délivrera de cette engeance maudite ? Cher ami, j'erre à l'aventure, je m'enfonce dans l'épaisseur des bois; puis, revenu près de Charlotte, si j'aperçois Albert à ses côtés sous le berceau de verdure, je perds la tête et fais mille extravagances. « Au nom de Dieu, me disoit-elle ce matin, plus de scènes comme celle d'hier au soir ! Vous êtes terrible, alors que ces accès vous prennent. »

Entre nous, j'épie le moment où Albert est forcé de s'absenter. Je vole aussitôt chez elle; et quand j'ai le bonheur de la trouver seule, peins-toi les transports de ma joie !

Le 8 août.

De grâce, mon cher William, ne prends pas pour toi ce que je disois l'autre jour de ces hommes barbares, qui exigent de nous une aveugle soumission aux arrêts immuables du destin. Combien, en vérité, j'étois loin de te croire de leur sentiment! Au fond, pourtant, peut-être as-tu raison; mais, mon ami, permets-moi une observation. Il est fort rare qu'on se décide dans le monde pour l'un ou pour l'autre de deux partis extrêmes. Les opinions et les actions des hommes offrent entre elles autant de nuances qu'il y a de degrés différens du nez aquilin au nez camus. Souffre donc qu'en reconnaissant la justesse de ton dilemme, je cherche à y échapper par un *mezzo termine*.

« Ou tu as, me dis-tu, l'espoir de réussir auprès de Charlotte, ou tu ne l'as pas. Fort bien. Dans le premier cas, redouble d'efforts, ne néglige rien pour parvenir à l'accomplissement de tes vœux. Dans le second cas, rappelle ta raison, et triomphe d'une passion funeste qui finira par consumer misérablement ton existence. »

Mais demande-t-on au malheureux dont la vie s'épuise dans les longues et incurables souffrances d'une maladie de langueur, peut-on, en conscience, lui demander de terminer brusquement ses jours par un coup de poignard ? Le mal cruel qui mine peu à peu ses forces, ne lui ôte-t-il pas aussi l'énergie nécessaire pour s'en délivrer ?

Tu m'opposeras, il est vrai, une comparaison analogue. Quel homme raisonnable, me diras-tu, ne se laisse couper un bras ou une jambe, plutôt que de compromettre ses jours par de pusillanimes délais ? Cela est possible. Mais laissons-là cette puérile dispute de mots. O William ! il me prend souvent des accès d'un courage exalté, sauvage ; et alors si je savois où aller, je n'hésiterois point à partir.

Le soir.

Mon journal que j'avois négligé depuis quelque temps, m'est tombé ce matin sous la main. Je ne reviens pas de ma surprise, quand j'y vois de quelle façon j'ai été conduit sciemment, pas à pas, au point où me voici maintenant parvenu ; comment ayant toujours si bien jugé de ma position, je n'en ai pas moins agi en enfant. Encore aujourd'hui mes yeux sont parfaitement ouverts, sans que j'entrevoie dans mon état la moindre lueur d'amélioration.

Le 10 août.

Si je n'étois pas un insensé, je pourrois mener la vie du monde la plus douce, la plus heureuse. Le sort se plaît rarement à réunir en faveur d'un mortel des circonstances si propices : tant il est vrai que le cœur fait seul sa félicité! Associé à une famille charmante, aimé du vieux bailli comme un fils, des enfans comme un père, et de Charlotte.....! Albert, de son côté, le bon Albert ne trouble ma joie par aucun transport jaloux. Il me témoigne une amitié fraternelle. Après Charlotte, je suis l'objet de ses plus chères affections. C'est un plaisir de nous voir nous promener ensemble, en nous entretenant d'elle. Rien de plus bizarre, de plus risible même, si l'on veut, qu'une telle situation. Eh bien! les larmes m'en viennent très-souvent aux yeux.

Lorsqu'il me parle de la respectable mère de Charlotte, lorsqu'il me raconte comme à son lit de mort elle recommanda ses enfans, son ménage à sa fille, et cette fille chérie à lui-même ; comme depuis ce temps Charlotte, animée d'un nouvel esprit, montre en toute circonstance le zèle actif, la capacité, la tendre sollicitude d'une véritable mère de famille, sans que cette vie sérieuse lui ôte rien de sa grâce naturelle, ni de son aimable enjouement.... moi, en l'écoutant, je cueille sur le bord du chemin des fleurs¹ que je jette dans le ruisseau voisin, et l'âme agitée d'un vague pressentiment, je les regarde avec tristesse disparoître et fuir loin de moi.

P. S. Je ne sais si je t'ai mandé qu'Albert a obtenu de la cour, où il est fort estimé, un poste avantageux qui le fixera ici. Pour l'esprit d'ordre et l'application aux affaires, je ne connois personne à lui comparer.

Le 12 août.

Albert est bien le meilleur des hommes ! Il faut que je te raconte une conversation singulière que j'eus hier avec lui.

La fantaisie m'ayant pris de faire une ex-

---

¹ « Dont je forme très-soigneusement un bouquet. »

cursion dans les montagnes d'où je t'écris cette lettre, j'allai lui dire adieu. En me promenant dans sa chambre, j'aperçus ses pistolets. Je le priai de me les prêter pour mon voyage.

« Volontiers, me dit-il, à condition que vous prendrez la peine de les charger vous-même; car ils ne sont là que pour la forme. »

J'en détachai un de la muraille. Il continua :

« Depuis le tour cruel que me joua une fois ma prévoyance, j'ai juré de ne plus avoir rien à démêler avec les armes à feu. »

Ces mots piquèrent ma curiosité; il la satisfit de la manière suivante :

« J'étois depuis environ trois mois à la campagne, chez un ami. J'avois une paire de pistolets de poche. Ils n'étoient point chargés, et je n'en dormois pas moins tranquille. Une après-midi sombre et pluvieuse, n'ayant rien à faire et laissant errer mes pensées à l'aventure, tout à coup il me passe par la tête que des voleurs peuvent venir nous attaquer pendant la nuit, que des armes à feu nous sont nécessaires, que te dirai-je enfin ? Je donne donc mes pistolets à mon domestique, pour les nettoyer et les charger. Le drôle, au lieu de me les rapporter, s'amuse à badiner avec la servante, à l'effrayer, à la coucher en joue. Le coup part (Dieu sait comment). La baguette restée dans le canon va frapper la jeune fille à la main droite, et lui fracasse le pouce. Juge de ses cris, de mon désespoir. Il me fallut, de plus, payer le chirurgien. Depuis ce temps, je n'ai jamais chez moi d'armes chargées ; car enfin, mon ami, à quoi nous sert la prévoyance ? Il n'est point donné à l'homme de lire dans l'avenir. Cependant... »

Or tu sauras que j'aime beaucoup le bon Albert, à ses *cependant* près. Personne n'ignore en effet qu'il n'y a point de règle sans exception. Mais cet homme est si exact, si scrupuleux, que lorsqu'il craint d'avoir avancé une proposition légère, hardie, ou simplement douteuse, il ne cesse de recourir après, de la modifier, de la restreindre, d'y ajouter, d'en retrancher :

si bien qu'à la fin il ne reste presque plus vestige de sa pensée. Albert s'enfonça cette fois si avant dans ses abstractions, que je le perdis bientôt de vue; et, m'abandonnant moi-même à mes rêveries habituelles, par un mouvement machinal, je portai brusquement le pistolet à mon front [1] !

« Fi ! s'écria-t-il en me l'arrachant des mains, que faites-vous là ?

« Il n'est pas chargé, lui dis-je.

« Et qu'importe ! répliqua-t-il avec impatience. Je ne puis comprendre qu'il y ait des hommes assez fous pour vouloir se brûler la cervelle. La seule idée m'en fait horreur.

« O hommes ! m'écriai-je, ne sauriez-vous parler de rien, sans prononcer aussitôt d'un ton d'oracle : *Ceci est raisonnable, ceci est fou; ceci est bien, ceci est mal ?* D'où vous vient une si étrange arrogance ? Cette action dont vous prétendez juger en dernier ressort, l'avez-vous examinée sous toutes ses faces ? Connoissez-vous les causes qui l'ont produite et rendue nécessaire ?

---

[1] « Au-dessus de l'œil droit. »

Oh! qu'avec plus de lumières vous seriez moins prompts, moins absolus dans vos décisions!

« Vous m'accorderez du moins que certaines actions sont toujours condamnables, quels qu'en puissent être les motifs. »

Je haussai les épaules de pitié.

« Oui, sans contredit, repartis-je. Ceci pourtant, mon cher, admet encore des exceptions. Ainsi, par exemple, le vol est un crime; mais le malheureux qui pour soustraire aux angoisses de la faim sa famille éplorée, se rend coupable d'un léger larcin, vous semble-t-il mériter la compassion ou la mort? Qui de vous jettera la première pierre à l'époux outragé, immolant dans le transport d'un juste ressentiment, une femme infidèle et son odieux séducteur? à la jeune fille qu'un moment d'ivresse a perdue, trop foible, hélas! pour défendre son cœur contre les charmes irrésistibles de l'amour? Nos lois elles-mêmes, ces inexorables tyrans, se laissent fléchir en pareilles circonstances, et le glaive échappe des mains de la justice.

« Vous changez la question. Le malheureux que les passions entraînent perd l'usage de la raison, et les lois ne voient plus en lui qu'un homme ivre, ou qu'un fou.

« Oh! vous autres, gens raisonnables, gens de bien, moralistes austères, vous voilà tous : passion! ivresse! folie! dites-vous; vous en parlez si à votre aise! Injuriez l'homme ivre, méprisez le fou, passez outre comme le prêtre, remerciez Dieu comme le pharisien, de ce que vous ne ressemblez pas à l'un d'eux. Moi aussi, j'ai été ivre plus d'une fois, les passions m'ont conduit à deux doigts de la folie; mais je n'en rougis point. Car n'est-ce pas la coutume de prodiguer le mépris et l'injure aux génies supérieurs qui, s'écartant des routes vulgaires, osent tenter pour la postérité quelque grande et mémorable entreprise?

« Et, pour ne point sortir du cercle de la vie commune, quoi de plus révoltant que d'entendre dire d'un homme qui fait une action tant soit peu noble, désintéressée, inattendue, cet homme est ivre! cet homme est fou! Êtres sages et froids que rien ne peut émouvoir, rougissez bien plutôt : à vous seuls appartient la honte.

« Voilà de vos déclamations accoutumées! vous exagérez tout. Avouez pourtant que vous avez tort de mettre le suicide, dont il s'agit ici, au rang des grandes actions. On ne sauroit au contraire l'envisager que comme une foiblesse; car il est sans contredit plus facile de se tuer, que d'endurer courageusement le supplice d'une longue et douloureuse existence. »

J'étois sur le point d'éclater. Dans une discussion vive, entraînante, où je me livre avec effusion de cœur, je m'indigne contre un adversaire qui vient à moi, armé de lieux communs et de froides maximes. Je me contins pourtant (ce n'est pas d'aujourd'hui que j'ai dû prendre sur moi cet empire), et je lui répondis aussi tranquillement que je le pus : « Le suicide une foiblesse! mon ami, gardez-vous d'être dupe de l'apparence. Quoi! vous traiterez de lâche ce peuple magnanime, qui las de courber la tête sous le joug insupportable d'un tyran, brise ses fers et recouvre sa liberté! cet homme qui à la vue de sa maison en flammes, animé d'une énergie surnaturelle, transporte aisément des masses qu'il auroit eu peine à soulever de sang-froid! ce brave, victime d'un cruel affront, que la soif de la vengeance dévore, et dont l'intrépide bras attaque et renverse six adversaires à la fois! Ah! si le courage ordinaire est honoré du nom de force, donnerez-vous le nom de foiblesse à l'héroïsme de ce même courage? »

Albert me regarda fixement : « Avec votre permission, me dit-il, tous ces exemples me semblent étrangers à la question.

« Cela se peut, repris-je; je suis sujet (on m'en a fait déjà plus d'une fois le reproche), à perdre dans la chaleur du discours, le fil de mes idées [1]. Tâchons donc

---

[1] « On m'a déjà objecté que ma façon de raisonner « touchoit parfois au radotage. »

Voilà sans contredit un aveu naïf, et qui trouvera, je crois, peu de contradicteurs. Il est impossible, en effet, de pousser plus loin l'incohérence des idées. Il est impossible d'apprécier d'une autre façon le genre de courage de l'homme qui se détermine à rejeter le fardeau, réputé si doux de la

d'appuyer sur de plus pauvres raisonnemens un système déplorable. Toutes les lois divines et humaines proscrivent le suicide. Ce n'est point seulement un crime individuel, c'est encore un attentat contre la société entière. L'homme a reçu l'existence d'un maître suprême, pour l'honorer, pour le servir, pour être utile à ses semblables. Sa vie n'est pas sa propriété, mais un dépôt sacré qu'il doit garder et rendre fidèlement, au jour où il lui sera redemandé. Telle est la doctrine enseignée par la religion chrétienne. Tel étoit aussi le sentiment des plus beaux génies de l'antiquité. Platon l'a consacré dans son immortel Phédon. Virgile relègue au Tartare ceux qui ont eu la coupable foiblesse de tourner contre eux-mêmes une main sacrilége. Tout le monde connoît les admirables vers dans lesquels le prince des poëtes latins peint les regrets de ces infortunés, et leur ardente passion de revoir la lumière.

Goethe n'est pas le premier qui ait introduit dans un roman cette étrange polémique. Un des plus célèbres philosophes du dernier siècle lui en avoit donné l'exemple. On voit qu'il cherche à l'imiter; mais à quelle distance il reste de son modèle ! Les lecteurs qui se rappellent les deux lettres de la Nouvelle-Héloïse, où Rousseau défend et combat tour à tour le suicide avec cette vive et mâle éloquence, avec cette chaleur entraînante que nul écrivain n'a possédées au même degré que lui, reconnoîtront sans peine l'immense supériorité du citoyen de Genève sur l'auteur allemand.

Disons encore à la louange du premier, qu'en agitant

vie; car pour bien juger d'une telle situation, il faut l'avoir approfondie.

« La nature humaine, poursuivis-je, a ses bornes. Elle supporte la joie, la douleur, les souffrances, jusqu'à un certain degré, au delà duquel elle succombe. La question n'est donc pas de savoir si tel

---

une question dangereuse, il a soin de faire pencher la balance du côté de la morale. Dans la lutte entre Saint-Preux et mylord Édouard, celui-ci a tout l'avantage. Sa puissante dialectique bat en ruine d'une manière victorieuse les vaines subtilités, les sophismes derrière lesquels se retranche l'amant de Julie. Il lui parle d'un ton d'autorité. C'est un sage éclairé par une philosophie sublime, qui gourmande un jeune fou dans le délire de la passion. Aux yeux de tout homme sensé, de bonne foi, après l'admirable réplique de l'Anglois, les partisans du suicide ont complétement perdu leur cause.

Goethe, nous l'avouons à regret, ne semble pas s'être proposé un but aussi louable. Il prête à l'apologiste du suicide toutes les armes de l'éloquence, et ne met dans la bouche de l'antagoniste que des lieux communs, ou de froides maximes : soit que l'auteur (ce qu'on pourroit induire de certains passages de ses Mémoires), trahisse ainsi son sentiment intime, soit qu'il n'ait d'autre intention que de faire pressentir et d'excuser en quelque sorte, par l'effrayante exaltation de Werther, la fatale catastrophe qui terminera sa destinée.

(*Note du traducteur.*)

homme est foible ou fort, mais s'il peut supporter, ou non le poids de ses peines physiques et morales. C'est pourquoi je trouve aussi injuste, aussi absurde d'appeler lâche l'homme qui se tue, que le malade qui meurt dans l'accès d'une fièvre maligne.

« Paradoxe! paradoxe s'il en fut jamais, s'écria Albert!

« Pas tant que vous le croyez, repartis-je. On est convenu de nommer maladie mortelle celle qui détruit, ou paralyse nos forces physiques, au point d'empêcher que la nature, par une crise heureuse, ne ranime en nous le principe de la vie.

« Maintenant, mon cher, faisons l'application de ceci à l'esprit humain, si foible, si borné. Voyez quel est sur lui l'empire des impressions, comme certaines idées s'en emparent, l'obsèdent, l'agitent, et, le plongeant dans un désordre toujours croissant, finissent par l'égarer entièrement.

« En vain l'homme calme et raisonnable, témoin du triste sort de l'insensé, entreprend de l'exhorter, de lui faire entendre des paroles de consolation; il ne peut non plus introduire dans son cerveau détraqué une once de bon sens, que l'homme sain et robuste communiquer au pauvre moribond la moindre parcelle des forces qui surabondent en lui. »

Ce langage étoit trop vague, trop général pour Albert. Je crus que je me ferois mieux comprendre par un exemple, et je lui racontai l'histoire d'une jeune fille qu'on avoit trouvée noyée depuis peu.

« C'étoit, lui dis-je, une bonne et honnête créature, élevée dès l'enfance dans le cercle étroit de la vie domestique et du travail journalier. Elle ne connoissoit d'autre divertissement que de se promener quelquefois le dimanche autour de la ville avec ses compagnes, parée des modestes atours qu'elle se donnoit peu à peu sur ses épargnes, ou bien encore de danser par hasard les jours de grandes fêtes. Un innocent commérage amusoit le reste de ses loisirs. Cependant la nature allume dans son sein une flamme inconnue. Les propos d'amour, les regards passionnés des jeunes galans en attisent encore l'ardeur. Ses plaisirs passés lui deviennent insipides, jusqu'à ce qu'enfin elle rencontre l'homme vers lequel son destin l'entraîne par un penchant irrésistible. Dès lors l'univers entier disparoît à ses yeux; ses pensées, ses affections, ses désirs se concentrent sur un unique objet; elle ne voit, n'entend que lui, n'est sensible que pour lui. Étrangère aux froids calculs de l'égoïsme aussi bien qu'au manége de la coquetterie, le but qu'elle se propose est simple, légitime. Elle veut s'unir à celui qu'elle aime, par des liens indissolubles, lui devoir sa félicité, tenir de lui la réunion de tous les biens auxquels son cœur aspire. Des sermens réitérés confirment ses espérances. Des baisers hardis portent le feu dans ses veines. Tous les genres de séductions assiégent à la fois son âme. Elle ne rêve que voluptés, que délices; elle s'enivre du sentiment anticipé de son bonheur; et près de le réaliser, lorsqu'elle ouvre les bras pour y serrer son amant, le barbare l'abandonne.

Interdite, éperdue, un affreux transport la saisit ; elle s'élance, elle fuit au hasard. La rive escarpée du fleuve se rencontre sous ses pas. Elle n'aperçoit autour d'elle qu'horreur, qu'obscurité. Aucun rayon d'espoir n'éclaire à ses yeux le sombre avenir. Celui en qui seul elle plaçoit son existence, ne vit plus pour elle. Que lui fait le vaste univers ? Que lui font les nombreux consolateurs tout prêts à réparer sa perte ? Elle se voit trahie, délaissée, sans appui. Son cœur se brise ; sa raison s'égare. Elle se précipite, et cherche au sein des flots, dans les bras de la mort, la fin de ses tourmens.

« Telle est, cher Albert, telle est l'histoire de mille infortunés ; et, je vous le demande, n'est-ce pas aussi le cas de la maladie ? En proie à un désordre profond, universel, enfermée dans un cercle douloureux, la nature épuisée ne trouve pas d'issue pour sortir du labyrinthe, et l'homme meurt !

« Malheur à qui pourroit penser et dire : l'insensée ! que n'attendoit-elle ? que ne laissoit-elle agir le temps ! Son désespoir se fût un jour calmé, et la conquête d'un nouvel amant l'eût consolée tôt ou tard de l'inconstance du premier. C'est comme si l'on disoit d'un malheureux mort d'une fluxion de poitrine : l'imbécile! que n'attendoit-il ? l'agitation de son sang se seroit à la fin apaisée, l'âcreté de ses humeurs adoucie, sa maladie eût pris une tournure favorable, et ses forces, revenant peu à peu, il vivroit encore aujourd'hui. »

Albert, médiocrement satisfait de ma comparaison, me fit de nouvelles objections.

Je n'avois parlé, me dit-il, que d'une pauvre et simple fille à qui le défaut d'intelligence pouvoit, en quelque sorte, tenir lieu d'excuse ; mais qu'on osât justifier, en pareil cas, la conduite d'un homme doué de lumières et de raison, c'étoit ce qu'il ne concevroit jamais.

« Mon ami, m'écriai-je, à quoi bon ces distinctions subtiles ? L'homme, quoi qu'il fasse, est toujours homme; et le plus ou le moins de raison qu'il peut avoir, est d'un foible poids dans la balance, quand les orages des passions sont déchaînés, et que les bornes prescrites à l'humanité se font sentir. Il y a plus.... mais nous reviendrons une autre fois sur ce sujet. » Oh ! j'avois le cœur si plein ! Je me levai pour partir, et nous nous séparâmes sans nous être entendus, comme il arrive presque toujours dans le monde !

Le 15 août.

William, il est pourtant vrai que l'amour est le plus puissant, comme le plus doux des liens qui unissent entre elles les créatures humaines ! Je le sens dans Charlotte ; elle me perdroit avec peine. Les enfans n'ont qu'un cri, quand je les quitte : « Vous reviendrez demain ? » Ce matin j'étois allé accorder son clavecin. Je ne pus en venir à bout. Les petits espiègles me persécutèrent pour avoir un conte ; et Charlotte, joignant ses instances aux leurs, il me fallut céder.

Après leur avoir distribué leur goûter, qu'ils reçoivent maintenant aussi volontiers de ma main que de la sienne, je leur racontai ma plus belle histoire, celle de la Princesse servie par des Génies. Je gagne moi-même beaucoup à ces récits, et je ne me lasse pas d'admirer leur effet sur l'imagination des enfans. Obligé souvent d'imaginer à l'improviste un incident qui me sort bientôt de la mémoire, s'il m'arrive ensuite de l'oublier, ou d'y changer quelque chose : « Ce n'étoit pas comme ça la première fois, s'écrient-ils tous ensemble ! » C'est pourquoi je m'étudie à conter toujours dans les mêmes termes, et autant que possible avec les mêmes inflexions de voix. Je m'explique ainsi comment un auteur nuit nécessairement à son ouvrage par une seconde édition, quelque améliorée qu'elle soit d'ailleurs[1]. Les premières impressions nous trouvent confians et dociles, et l'homme est fait de telle sorte qu'on peut lui persuader les choses les plus extraordinaires. Elles se

---

[1] On sent combien ce principe est faux.
(*Note du traducteur.*)

gravent profondément dans son esprit, et malheur à qui s'aviseroit plus tard de vouloir les en effacer!

Le 18 août.

Pourquoi faut-il, hélas! que ce qui fait la félicité de l'homme, devienne si souvent la source de son infortune?

Cet amour passionné de la nature qui remplissoit mon âme de volupté, cette sensibilité, présent céleste, qui m'enivroit à chaque pas des délices du paradis, se sont transformés dans mon sein en un démon cruel, en une impitoyable furie dont la rage me poursuit sans relâche.

Jadis, quand du sommet d'un roc escarpé, dominant au loin sur la vaste contrée, j'admirois de toutes parts les trésors d'une abondante végétation; quand je voyois les montagnes couvertes d'antiques forêts, de leur base à leur cime, les vallons, aux contours gracieux, semés çà et là de verts bosquets, le fleuve coulant d'un cours tranquille entre les roseaux qui bordent ses rives, et réfléchissant dans ses ondes les nuages que balançoit au firmament le vent du soir; quand j'entendois autour de moi les concerts de mille oiseaux cachés sous le feuillage, le sourd bourdonnement des insectes se jouant par essaims aux rayons pourprés du soleil couchant [1], et ce bruit vague, incessant, répandu dans l'espace, indice de la vie universelle, avec quel ravissement je recueillois tous ces sons, je consacrois toutes ces images! Saisi d'un religieux enthousiasme, et comme ravi en extase, je découvrois sans voile les augustes secrets de la création; je décomposois l'étonnante structure des montagnes; je sondois les vastes réservoirs qui depuis le commencement des siècles alimentent les fleuves et les mers; je perçois à travers les

---

[1] « Tandis que l'escarbot bourdonnant n'attendoit que son dernier regard mourant, pour s'élancer en liberté de l'herbe humide. »

abîmes de la terre, dans le centre de ses forces occultes, de ses opérations mystérieuses ; je voyois jaillir de ses entrailles fécondes les sources éternelles de la reproduction. Sur la surface du globe, au sein des mers profondes, sous l'azur des cieux, quelle multitude innombrable de races vivantes, variées à l'infini ! Et l'homme, renfermé dans d'étroites demeures où s'abrite sa misère, l'homme enflé d'un vain orgueil, ose se proclamer le roi de la nature ! Insensé, qui mesure le monde à son chétif individu ! Depuis les monts sourcilleux, fiers géans des déserts, qu'aucun pied humain n'a foulés, jusqu'aux bornes inconnues de l'immense Océan, le Créateur vivifie tout de son souffle. Il se complaît également dans le moindre atome, et dans les plus magnifiques ouvrages de ses mains. Que de fois, enviant les ailes de l'aigle qui planoit sur ma tête, ai-je souhaité de m'élancer aux célestes sphères, pour y boire à sa source le nectar enivrant de la vie, et faire couler dans mon foible sein une goutte, une seule goutte de la félicité suprême de cet être en qui et par qui tout existe !

Ami, le souvenir du temps où j'éprouvois ces divins transports, excite encore dans mon cœur un tressaillement de joie. L'effort que je fais pour les rappeler et pour les peindre, ranime un moment mes esprits abattus ; mais bientôt cette force factice m'abandonne, et je sens avec une double amertume l'horreur de ma situation présente.

Un voile épais et lugubre s'est élevé dans mon âme entre la nature et moi. La scène du monde, si riante, si animée, n'est plus à mes yeux qu'un champ de deuil où triomphe la mort. Comment dire : *Ceci est*, puisque tout passe et s'écoule avec la rapidité d'un torrent ; et qu'emportée par les vents en furie, brisée contre les écueils, chaque créature disparoît à son tour, ensevelie dans les flots du temps ? Il n'est point de minute qui ne nous consume, nous et les nôtres ; il n'en est point où nous ne soyons une cause nécessaire de destruction. La moindre de nos promenades coûte la vie à des milliers d'insectes. Il suffit d'un seul de nos pas pour renverser les édifices construits avec tant d'art par l'industrieuse fourmi, et pour plonger dans le néant tout un petit peuple laborieux. Ah! ce ne sont point les inondations, les tremblemens de terre, ces grandes et rares calamités du globe, qui affectent le plus mon âme! ce qui la remplit d'une inexprimable douleur, c'est ce fatal arrêt d'anéantissement prononcé contre tout ce qui existe, c'est ce germe de mort que la nature a renfermé dans les principes mêmes de la vie. Au milieu de ce mouvement, de cette fermentation universelle dont le ciel et la terre m'offrent l'image, je ne vois qu'un gouffre sans fond où tout vient s'engloutir, qu'un monstre insatiable toujours dévorant et toujours affamé.

Le 21 août.

Le matin, quand je m'éveille après un sommeil agité, je l'appelle en vain. Je la cherche en vain la nuit, lorsqu'un songe enchanteur abuse mes esprits. Je me figure que je suis assis auprès d'elle sur l'herbe émaillée de fleurs. Je tiens sa main, je la couvre de baisers. Encore à demi plongé dans des vapeurs mensongères, j'ouvre les bras pour la serrer contre mon sein. Dieu! quelle douce illusion le réveil vient dissiper. Un torrent de larmes inonde mes joues, et je jette un regard d'effroi dans l'orageux avenir.

Le 22 août.

Plains-moi, cher William, je n'ai plus de force, plus d'activité. Toutes mes facultés sont frappées d'une douloureuse inertie. Je ne puis rester oisif, et pourtant je suis incapable de rien faire. Mon imagination est éteinte, la belle nature a perdu ses charmes à mes yeux. La conversation m'ennuie, la lecture me fatigue. Hélas! tout nous manque quand nous nous manquons à nous-mêmes. Heureux, mille fois heureux le paisible journalier qui le soir en se couchant, envisage pour le lendemain un but, une tâche, une espérance ! Souvent j'envie le sort et les nombreuses occupations d'Albert [1]; je me persuade que tout iroit mieux pour moi si j'étois à sa place. Déjà plus d'une fois j'ai été tenté d'écrire au ministre, pour solliciter ce poste à la suite de l'am-

---

[1] « Que je vois enterré jusqu'aux oreilles dans les paperasses. »

bassade dont tu m'as parlé. Tu m'assures que je l'obtiendrois sans peine. Je le pense aussi. Le ministre s'intéresse à moi, et m'a souvent pressé de prendre un emploi quelconque. Cette idée me sourit pendant une heure ; puis, quand je songe à la fable du cheval, qui las de sa liberté, se soumet au frein et à la bride, et, bientôt accablé de fatigue et de coups, gémit de s'être donné un maître, je ne sais plus que résoudre. O mon ami, ce désir inquiet du changement n'est-il pas en moi l'effet de l'insupportable malaise qui me suit partout ?

Le 28 août.

En vérité, si mes maux étoient susceptibles de remède, les soins de ces excellens amis viendroient à bout de les guérir. C'étoit aujourd'hui ma fête. Dès le matin je reçois un petit paquet d'Albert. Je l'ouvre; et qu'y trouvé-je? D'abord un des nœuds de ruban couleur de rose qui ornoient le sein de Charlotte le jour où je la vis pour la première fois, et que je lui avois souvent demandé avec instances; ensuite la jolie édition portative d'*Homère*, de Westein, en deux volumes in-12, depuis longtemps l'objet de mes désirs, celle d'Ernest étant d'un format trop incommode pour la promenade. Tu le vois, ils vont au-devant de tous mes vœux. Ils ont pour moi les prévenances délicates, les attentions du cœur, si préférables aux présens fastueux dont l'orgueil d'un opulent bienfaiteur se plaît à humilier notre médiocrité. Je presse mille fois sur mes lèvres ce nœud charmant, et il me semble, à chaque baiser, aspirer avec sa douce odeur le souvenir de ces jours si rapidement écoulés, de ces bienheureux jours qui ne reviendront plus. O William, je le sais, et n'en murmure point. Les fleurs de la vie n'ont qu'un moment. Combien se fanent sans laisser de trace!

Combien peu donnent des fruits, et qu'il est rare que ces fruits mûrissent ! Quelques-uns cependant parviennent à maturité, et…. faut-il, ami, les dédaigner, les laisser perdre sans en jouir ?

Adieu, la saison est magnifique. On commence la récolte des fruits. Je monte sur les arbres, dans le verger de Charlotte. Armé d'une longue perche, j'atteins les poires à l'extrémité des plus hautes branches. Charlotte se tient au pied de l'arbre, et les ramasse à mesure qu'elles tombent [1].

---

[1] Ce tableau gracieux emprunté aux Confessions, rappelle la jolie scène où le jeune Rousseau monté dans un cerisier du clos de *la Grangère*, près d'Annecy, jette des bouquets de cerises à mesdemoiselles de Graffenried et Galley, qui les reçoivent au pied de l'arbre.

(*Note du traducteur.*)

Le 30 août.

Insensé! pourquoi chercher toi-même à t'aveugler? Où tend cette passion furieuse, indomptable? Je n'adresse plus qu'à elle mes vœux et mes prières; mon imagination ne me présente plus d'autre image que la sienne; je ne vois qu'elle dans l'univers, ou tout par rapport à elle. Je passe ainsi des heures délicieuses, jusqu'au moment fatal où je suis forcé de m'arracher d'auprès d'elle. Ah! William, quels noirs orages s'élèvent trop souvent dans mon sein! Quand je me suis enivré quelque temps de la vue de ses charmes, du doux son de sa voix, de sa conversation enchanteresse, mes esprits s'exaltent, ma vue se trouble, j'entends à peine. Je sens comme une main assassine qui me serre la gorge et me suffoque. Je fais pour respirer des efforts convulsifs, impuissans. William, dans cet état horrible, je doute presque de mon existence; et si l'attendrissement ne prend le dessus, si les larmes ne viennent à mon secours, si

Charlotte ne m'accorde la triste consolation d'en arroser ses mains, il faut que je sorte, il faut que je fuie sa présence. J'erre à grands pas dans la campagne, je gravis les monts escarpés, je me fraye un chemin parmi les halliers qui me déchirent, parmi les ronces que je teins de mon sang. Alors seulement, alors j'éprouve un foible soulagement. Enfin, accablé de fatigue, les pieds meurtris, dévoré d'une soif ardente, quelquefois l'épuisement de mes forces m'oblige à m'arrêter au milieu de la nuit, dans une forêt solitaire, sans autre guide que la pâle clarté de la lune. Je m'étends sur la terre, et la tête appuyée contre le tronc d'un arbre tortueux, j'attends dans un pénible sommeil le retour de la lumière. O mon ami, l'habitation d'un antre sauvage, le cilice de la pénitence, la ceinture hérissée de pointes, sont des voluptés au prix des tourmens que j'endure! Adieu, je ne vois à mes souffrances d'autre remède que le tombeau[1].

---

[1] Quelle douloureuse agitation! quel effrayant délire! voilà le titre de l'ouvrage bien justifié : *les Souffrances du*

Le 3 septembre.

Je vais partir! Je te remercie, William, d'avoir fixé mon irrésolution. Depuis quinze jours je formois le projet de la quitter. Je vais partir! Elle est retournée à la ville chez une de ses amies, et Albert.... et.... ah, il faut que je parte!

jeune Werther. Voilà aussi le remède à côté du mal. Certes le tableau d'une telle situation ne peut produire qu'un effet moral. Il doit inspirer aux âmes tendres l'effroi des passions violentes, et ramener les esprits droits, un moment égarés, à des idées d'ordre et à la saine raison. L'infortuné Werther est sans doute bien plus un objet de pitié que d'envie. Qui consentiroit à partager son triste sort? Qui voudroit aimer à ce prix?

(*Note du traducteur.*)

Le 10 septembre.

Quelle nuit, William! Désormais je me sens la force de tout surmonter. Je ne la verrai plus. Oh! que ne puis-je voler dans tes bras! que ne puis-je y cacher l'excès de ma douleur, de mon désespoir! Je suis assis près de la fenêtre; je cherche à respirer l'air, pour calmer le feu qui me dévore; j'attends impatiemment le jour, et demain les chevaux seront prêts dès l'aurore.

Hélas! elle dort d'un tranquille sommeil. Elle ne pense pas qu'elle ne me reverra jamais. Je me suis arraché d'auprès d'elle. J'ai eu la constance de lui cacher ma résolution pendant un entretien de deux heures, et quel entretien, ô ciel!

Albert m'avoit promis de se trouver le soir avec elle dans le jardin. J'allai les attendre sous les hauts marronniers de la terrasse, d'où je vis pour la dernière fois le soleil se coucher par delà le riant vallon et les eaux tranquilles du fleuve. Nous étions venus si souvent admirer ensemble, de la même place, ce majestueux spectacle !... Et maintenant.... je me promenois seul et rêveur dans mon allée chérie. Un charme secret y attiroit mes pas, avant même que je connusse Charlotte ; et par la suite, quelle ne fut pas notre joie de découvrir, comme un premier trait de sympathie entre nous, notre mutuelle prédilection pour ce lieu vraiment romantique !

D'abord de la terrasse, entre les marronniers, on jouit d'une perspective admirable. Mais je me souviens de t'avoir déjà décrit tout cela. Oui, je t'ai parlé de cette allée bordée de hêtres touffus, entremêlés d'épaisses charmilles, qui devient de plus en plus étroite, s'enfonce dans un sombre bosquet, et se termine enfin à une enceinte étroite et solitaire. Je me rappelle encore le saisissement que j'éprouvai, la première fois que j'y entrai pendant l'ardeur du midi, comme si dès lors j'avois eu un pressentiment confus des scènes de bonheur et de tristesse dont ce petit réduit devoit être pour moi le théâtre.

Il y avoit près d'une demi-heure que je me nourrissois de douloureuses pensées de séparation, d'adieux, d'espérances éloignées de retour, lorsque je les entendis monter la terrasse. Je courus au-devant d'eux, je saisis la main de Charlotte en tremblant, et je la pressai sur mes lèvres. En ce moment la lune se levoit au-dessus des noires forêts qui couvrent la montagne. Nous marchions au hasard, en parlant de choses et d'autres ; nous arrivâmes, sans nous en douter, au cabinet obscur. Charlotte y entra et s'assit. Albert et moi nous prîmes place à ses côtés. L'agitation où j'étois ne me permit pas de rester longtemps en repos. Je me levois, j'allois, je venois, puis je me rasseyois : c'étoit un état d'angoisse inexprimable. Charlotte nous fit remarquer le bel effet de la lune qui éclairoit la terrasse à l'extrémité de l'allée, effet réellement magique, et d'autant plus frappant que nous étions environnés de profondes ténèbres. Nous gardions tous trois le silence ; elle le rompit en ces termes.

« Jamais je ne me promène à la clarté de

la lune, que le souvenir des amis que j'ai perdus ne se présente à ma pensée, que le sentiment de la mort, de l'avenir, ne pénètre mon âme. Nous ne cesserons point d'être, continua-t-elle d'une voix touchante et animée; mais Werther, où serons-nous? nous retrouverons-nous? nous reconnoîtrons-nous, qu'en pensez-vous? qu'en dites-vous? »

Mes yeux se remplirent de larmes. « Charlotte, m'écriai-je en lui tendant la main; nous nous reverrons! Ici et là-haut nous nous reverrons! » O mon ami, devoit-elle me faire une pareille question, quand j'avois le cœur plein de nos funestes adieux!

« Et ces êtres chéris, continua-t-elle, croyez-vous qu'ils prennent, après la mort, quelque intérêt à notre destinée? qu'ils soient touchés des sentimens de respect et d'amour que nous gardons à leur mémoire? Oh! il me semble toujours voir errer à mes côtés l'ombre de ma mère, lorsqu'au déclin du jour, je suis assise au milieu de ses enfans qui sont devenus les miens, lorsqu'ils se pressent autour de moi, comme ils se pressoient autour d'elle. Je voudrois, qu'abaissant un moment ses regards sur la terre, elle pût voir avec quelle fidélité je remplis la promesse que je lui fis, à son lit de mort, de la remplacer auprès d'eux. Tendre mère, pardonne, ô pardonne-moi si je ne leur tiens pas entièrement lieu de toi ! Je fais tout ce que je puis. Ils sont nourris, vêtus ; et, ce qui est bien plus encore, ils sont choyés et instruits. Ah ! du haut des cieux où tu résides, que n'es-tu témoin de notre heureuse union ! Quelles actions de grâces n'en rendrois-tu pas à la Providence, que tes dernières prières imploroient avec tant de ferveur pour la félicité de tes enfans ! »

Elle dit cela, ô William, qui pourroit répéter dignement ce qu'elle dit ? Comment de froids caractères, une lettre morte, rendroient-ils ces effusions de cœur pleines de chaleur et de vie ?

Albert l'interrompit avec douceur . « Chère Charlotte, lui dit-il, calmez une trop vive émotion. Ces souvenirs, je le sais, ont pour vous un charme inépuisable. Vous aimez à en nourrir sans cesse votre douleur ; mais je vous en conjure....

« O Albert, poursuivit-elle, tu n'as pas oublié les soirées où nous nous rassemblions autour de la petite table ronde, en l'absence de mon père, et après avoir envoyé coucher les enfans. Souvent tu apportois un livre intéressant ; tu ne l'ouvrois presque jamais. Ne préférions-nous pas à tout la conversation de cette femme adorable, si belle, si douce, si bonne, douée d'une intelligence si élevée, d'une âme si active et si tendre? Dieu sait combien de fois, prosternée devant lui dans le silence des nuits, je l'ai conjuré de me rendre semblable à elle.

« Charlotte, m'écriai-je en tombant à ses pieds, en prenant sa main et l'arrosant de mes larmes, Charlotte, la bénédiction du ciel et l'esprit de ta mère reposent sur toi !

« Oh! que ne l'avez-vous connue, me dit-elle; elle étoit digne d'être connue de vous. »

Je faillis succomber à un mouvement

d'orgueil et au transport de ma joie. Jamais louange plus flatteuse n'avoit enivré mon cœur.

Elle continua : « Et la mort l'a moissonnée à la fleur de l'âge, lorsque son dernier enfant n'avoit pas encore six mois. Pendant sa maladie, qui ne fut pas longue, elle conserva son calme, sa résignation. Ses enfans seuls, le petit surtout, lui faisoient de la peine. Lorsqu'elle sentit que sa fin s'approchoit, elle me dit de les lui amener. Les plus jeunes ne se doutoient pas de la perte qu'ils alloient faire ; les aînés fondoient en larmes. Lorsqu'ils furent réunis autour de son lit, elle étendit sur eux ses mains défaillantes, leur donna à tous sa bénédiction, les embrassa les uns après les autres, puis les congédiant : « Sois maintenant leur
« mère, me dit-elle. »

« J'en fis le serment.

« Tu promets beaucoup, ma fille, le cœur
« et l'œil d'une mère ; mais ta tendresse et
« ta reconnoissance m'ont souvent fait ju-
« ger que tu étois capable de remplir un
« pareil engagement. Aime et protége tes

« frères et tes sœurs; aie pour ton père la
« foi, l'obéissance d'une épouse. C'est à toi
« de le consoler ! » Elle demanda à le voir;
il venoit de sortir pour nous cacher la douleur mortelle qui déchiroit son cœur.

« Albert, tu étois dans la chambre; ma mère entendit quelqu'un marcher. Ayant su que c'étoit toi, elle te fit signe d'approcher. Te rappelles-tu le regard qu'elle jeta sur nous, ce regard plein de confiance et d'amour qui sembloit nous dire : « Soyez
« heureux, heureux ensemble. »

« Nous le sommes, nous le serons toujours, » s'écria Albert en la serrant dans ses bras ! Le flegmatique Albert étoit hors de lui. Je ne me connoissois plus.

« Werther, reprit-elle, falloit-il que cet ange du ciel nous fût sitôt ravi ! quel supplice de se voir arracher ainsi les objets de ses plus chères affections ! Cette perte cruelle frappa vivement l'imagination des enfans. Longtemps après, ils parloient encore avec effroi des hommes noirs qui avoient emporté leur maman. »

Elle se leva en achevant ces mots. Le

bruit qu'elle fit me rappela à moi. Je la saisis par la main. « Partons, me dit-elle, il est temps. » Elle voulut retirer sa main. Je la retins avec plus de force. « Nous nous reverrons, m'écriai-je, nous nous retrouverons; sous quelque forme que ce soit, nous nous reconnoîtrons. Je vous quitte, Charlotte, il le faut, j'y consens, je vous quitte; mais si ce devoit être pour toujours, je sens que je n'en aurois pas le courage. Adieu Charlotte, adieu Albert, nous nous reverrons!

« Demain, je pense? » dit-elle en souriant.

Ce demain me déchira l'âme. Ah! quand elle retiroit sa main de la mienne, elle ne savoit pas!....

Ils descendirent l'allée; je les suivis quelque temps des yeux, à la clarté de la lune, puis je me précipitai contre terre, et je répandis un torrent de larmes. Je me relevai, je courus sur la terrasse. On les distinguoit encore près de la porte du jardin, à travers l'ombre des hauts marronniers. Je vis encore briller la robe blanche de Charlotte; j'étendis les bras..... elle avoit disparu [1] !

[1] Cette lettre est belle et touchante; Charlotte s'y montre sous un nouveau jour. Dans la scène du bal, nous l'avons vue tour à tour vive, légère, enjouée, s'enivrant du plaisir de la danse; animée d'une douce sensibilité, ou manifestant une raison et une intelligence supérieures. Ici les nobles qualités de son cœur se révèlent tout entières, sa piété filiale, son amour maternel pour ses jeunes frères et sœurs, le culte religieux dont elle honore la mémoire des parens, des amis qu'elle a perdus, son sincère attachement pour l'homme à qui sa famille a d'avance engagé sa foi.

Sans doute Werther lui plaît. L'âme de feu, l'imagination mélancolique, l'esprit, les talens de ce jeune enthousiaste la touchent et l'intéressent. Comme toutes les femmes, même les plus sévères, elle ne peut s'empêcher de plaindre le malheureux que ses charmes ont blessé d'une incurable atteinte; mais si jamais ce sentiment si puissant de la pitié, si une secrète sympathie, si l'influence d'une trop longue et dangereuse intimité changeoient en passion un goût d'abord innocent, le dénouement ne sauroit être incertain. Charlotte trouvera dans sa vertu, dans la dignité de son caractère, les forces nécessaires pour en triompher, au moment décisif. Devenue l'épouse d'Albert, elle lui sera fidèle; elle respectera l'union que le dernier regard de sa mère a bénie.

SECONDE PARTIE

LES SOUFFRANCES
DU JEUNE WERTHER.

Le 20 octobre 1771.

Nous sommes arrivés hier à D***. L'ambassadeur est malade et ne recevra pas de quelques jours. S'il étoit seulement d'un caractère moins difficile, je me résignerois à mon sort; mais, hélas! je crains bien de n'être pas encore au terme de mes dures épreuves Courage, néanmoins! avec de l'indifférence et de la légèreté, on s'accoutume à tout..... De la légèreté! de l'indifférence! je ris de voir comme ces mots sont venus se placer sous ma plume; et pourtant rien n'est si vrai. Il suffiroit d'un peu plus de subtilité dans le sang et dans les humeurs pour me rendre la plus heureuse créature que le soleil éclaire. Eh quoi! tandis qu'il n'est personne autour de moi, de quelque mince talent que l'ait doué la nature, qui ne paroisse satisfait et orgueilleux de son partage, moi seul je manquerois de confiance! je me défierois de mes forces! Bonté divine, ô toi qui m'as comblé de tant de biens, que n'en retenois-tu la moitié pour me donner en échange un petit grain d'amour-propre et de présomption!

Patience! patience! les choses iront mieux à l'avenir. Oui, mon ami, depuis que je fréquente le monde, que j'observe de près les hommes, leurs passions, leurs travers, leurs intrigues, je suis beaucoup moins mécontent de moi-même; et puisque le ciel nous a faits de telle sorte, que nous rapportons tout à nous, et nous à tout, il s'ensuit que le bonheur et le malheur dépendent en grande partie des objets de nos comparaisons. Partant la solitude est pour nous l'état le plus dangereux. Là, notre imagination naturellement portée à s'exalter, amie du romanesque et du merveilleux, se crée un monde fantastique, le peuple à son gré d'êtres heureux et privilégiés, parmi lesquels nous occupons humblement le dernier rang. Hors de nous, rien que grandeur, qu'excellence. La cause de cette illusion est facile à concevoir. Chacun a la conscience intime de ce qui lui manque. Les qualités dont on est privé, souvent on croit les voir briller dans un autre. c'en est assez pour lui attribuer celles même qu'on possède, et je ne sais encore quelle supériorité idéale; et voilà comme la plupart du temps nous rêvons, pour notre supplice, un bonheur et une perfection chimériques.

Si, au contraire, luttant de tout notre pouvoir contre notre foiblesse et notre misère, nous nous dirigions vers le but avec courage et persévérance, peut-être en louvoyant, serions-nous plus sûrs de l'atteindre que ceux qui s'y dirigent audacieusement à pleines voiles. Quoi qu'il en soit, c'est toujours une noble ambition que de chercher à égaler ou à surpasser ses rivaux dans la carrière.

Le 10 novembre.

Je commence à trouver ma situation supportable, sous plus d'un rapport. L'oisiveté du moins est un mal que j'ignore ; et cette foule de visages nouveaux, de personnages de toute espèce qui se succèdent sous mes yeux, m'offre un spectacle amusant et varié. J'ai fait connoissance avec le comte de C***, homme d'un génie vaste, élevé. Chaque jour ajoute au respect, à l'attachement qu'il m'inspire. La philosophie, en éclairant son esprit, n'a point endurci son cœur qui palpite au seul nom d'amour et d'amitié. Il prit intérêt à moi à l'occasion d'une affaire dont je fus chargé de l'entretenir. Dès les premiers mots, il s'aperçut que nous nous comprenions, et qu'il pouvoit me parler autrement qu'au vulgaire. Aussi, depuis ce temps, m'honore-t-il de la confiance la plus flatteuse. O mon ami, il n'est rien au monde de si doux, de si digne d'envie que l'intimité d'une grande âme qui s'ouvre à nous sans réserve !

Le 24 décembre.

L'ambassadeur me désespère, je l'avois bien prévu. C'est le sot le plus pointilleux qui existe. Lent et compassé dans ses discours, dans ses actions, tracassier, tatillon comme une vieille commère, cet homme n'est jamais content de lui : qui pourroit se flatter de le satisfaire? J'ai, tu le sais, le travail facile, et je n'aime point à revenir sur ce que j'écris. Eh bien, si je lui présente un mémoire, il l'examinera longuement, il en pèsera avec minutie chaque syllabe : « C'est bon, dira-t-il en me le rendant; mais corrigez, retouchez encore votre style. On gagne toujours quelque chose à revoir son ouvrage, ne fût-ce qu'un mot plus propre, qu'une expression plus heureuse. « Il y a de quoi se donner au diable. Il ne me fait grâce ni d'un point ni d'une virgule. Les inversions qui m'échappent parfois, ont en lui un ennemi mortel. Pour peu qu'une période ne soit pas artistement construite et cadencée, il ne sait plus où il en est ; c'est un martyre que d'avoir affaire à un pareil homme.

La confiance du comte de C*** est ma seule consolation. Il m'avouoit l'autre jour qu'il n'étoit pas moins rebuté que moi de l'esprit étroit et vétilleux de mon ambassadeur. « Ces gens-là, me disoit-il, sont à charge à eux-mêmes et aux autres. Que faire cependant quand on est dans leur dépendance ? se résigner, à l'exemple du voyageur qui arrive au pied d'une montagne : nul doute que, sans cet obstacle, sa route ne fût plus commode et plus courte ; mais il n'a pas la liberté du choix : la montagne est là, il faut de toute nécessité qu'il la franchisse. »

Le fâcheux vieillard s'aperçoit fort bien de la préférence que le comte me donne sur lui. Il s'en irrite et ne perd pas une occasion de l'attaquer devant moi. Je le défends, tu n'en peux douter, et son dépit en augmente. Hier il faillit me mettre hors des gonds; car, parlant du comte : « Pour être juste envers lui, dit-il (et il me regardoit malicieusement), on ne sauroit lui refuser l'intelligence des affaires courantes. Il a le travail facile, il écrit bien; mais il manque de fond, comme la plupart des beaux esprits. »

Ces paroles à double sens, qu'il accompagna d'un sourire sardonique, ne firent pas sur moi l'effet auquel il s'attendoit. Je ne conçus que du mépris pour un homme capable de penser et de s'exprimer de la sorte. Je ne laissai pourtant pas que de repousser l'injure. « Le comte, repartis-je avec quelque vivacité, le comte a droit à l'estime universelle par son mérite, aussi bien que par son caractère. Quant à moi, je n'ai vu de ma vie personne qui réunît à un si haut degré que lui l'étendue, la variété des connoissances, à l'agrément de l'esprit et aux qualités sociales. » Ce langage étoit de l'hébreu pour l'épais cerveau de mon ambassadeur. Je me tus, et pris congé de lui, de crainte qu'une plus longue discussion ne finît par m'échauffer la bile.

Voilà pourtant sous quel joug insupportable vous m'avez conduit, en m'arrachant aux douceurs de mon indépendance, et me prêchant à tout propos l'activité...... L'activité ! ah ! si le rustre qui pioche la terre à la sueur de son front, et va vendre au marché le fruit de son labeur, n'est pas cent fois plus actif que moi, puissé-je ramer encore dix ans sur la galère où je suis enchaîné.

Et quel spectacle que celui de la brillante misère, du noble ennui qui règnent parmi les maussades gens qu'on voit ici dans un certain monde, de leur rage de préséance, de leurs sottes passions qu'ils ne prennent pas même la peine de couvrir d'un masque? Je te citerai pour exemple une femme qui ne parle à tout venant que de sa fortune et de ses aïeux. Pas un étranger qui ne doive se dire : « la pauvre créature ! ses grands biens et l'éclat de sa naissance lui ont fait tourner la tête. » Point du tout ; ô comble de l'extravagance! cette femme est la fille d'un simple greffier du voisinage. Je ne comprends rien à la nature humaine, à la fois si orgueilleuse et si stupide.

L'expérience, au reste, me démontre chaque jour davantage combien il est fou de prétendre juger des autres d'après soi-même. Eh! qui, d'ailleurs, en a le droit moins que moi, moi dont le cœur en proie à d'éternels orages!.... O mes amis, suivez en paix vos goûts, vos penchans, mais laissez-moi, de grâce, la même liberté.

Ce qui me révolte le plus, ce sont ces odieuses distinctions de société. Je sais fort bien que l'inégalité des conditions est dans le monde une nécessité indispensable, je le sais, et ne suis point insensible aux avantages que j'en retire personnellement; mais je ne voudrois pas trouver toujours devant moi cette fatale ligne de démarcation comme un obstacle aux vœux de mon cœur, dans le moment où je pourrois goûter encore quelque jouissance, saisir un éclair de bonheur sur cette triste terre.

Je rencontrai dernièrement à la promenade mademoiselle de B***, jeune personne de qualité, dont l'aimable naturel contraste avec la roideur et l'affectation des femmes de ce pays. Nous fûmes également charmés de la conversation l'un de l'autre. Je lui demandai en la quittant la faveur de lui faire ma cour. Elle me l'accorda d'une manière si gracieuse, que mon impatience me permit à peine d'attendre l'heure convenable pour me présenter chez elle. Mademoiselle de B***, étrangère en cette ville, habite avec une de ses tantes. La physionomie de cette dernière ne me plut nullement; je n'en eus pas moins pour elle les plus grands égards. Je lui adressai presque toujours la parole, et en moins d'une demi-heure je devinai (ce que mademoiselle de B*** m'a confirmé depuis), que cette chère tante étoit réduite dans sa vieillesse à traîner une existence déplorable, n'ayant pour tout bien, pour tout mérite, que ses titres de noblesse, pour tout appui, que la hauteur du rang derrière lequel se retranche son orgueil, pour toute distraction, que le plaisir de laisser tomber de son balcon sur la foule roturière, des regards dédaigneux. Elle a dû être belle dans sa jeunesse. Coquette et légère, elle fit alors, par ses caprices, le désespoir de plus d'un amant. Ce fut son âge d'or. Sur le retour, elle se vit contrainte à subir le joug d'un vieil officier de fortune qui consentit, moyennant une honnête rétribution, à passer avec elle l'âge d'airain. Il est mort. Aujourd'hui, dans l'âge de fer, veuve, sans enfans, elle seroit délaissée de l'univers, si sa charmante nièce ne lui attiroit de loin en loin quelques regards [1].

[1] La haine de Werther pour les distinctions sociales, dont il reconnoît pourtant lui-même l'indispensable nécessité, perce déjà dans quelques passages de cette lettre. Nous la verrons bientôt éclater avec la dernière violence.

(*Note du traducteur.*)

Le 8 janvier 1772.

Quels hommes que ceux dont une misérable étiquette absorbe toute l'existence, qui s'épuisent en longs et pénibles efforts pour se pousser à table à une place un peu plus élevée! Ce n'est pas qu'ils manquent ailleurs d'occupations. Loin de là; mais ils sacrifient aux pitoyables exigences de l'ambition et de la vanité, le soin des affaires sérieuses, et jusqu'à leurs plaisirs même.

La semaine dernière, ils avoient arrangé une course de traîneaux. Au moment du départ, il s'éleva une contestation pour le pas, et la partie n'eut point lieu.

Les insensés! ils ignorent que la place ne fait pas le mérite, que ceux qui figurent au premier rang jouent rarement le premier rôle. Combien de rois gouvernés par leurs ministres, de ministres par leurs secrétaires! Quel est donc, diras-tu, le premier? celui, selon moi, qui doué de talents supérieurs, a la puissance ou l'adresse de faire servir les passions des autres d'instrumens à ses desseins.

Le 20 janvier.

C'est d'une chaumière où je me suis réfugié pendant l'orage, que je vous écris, ô ma chère Charlotte. Depuis que je vis à D*** dans un monde étranger, entièrement étranger à mon cœur, il ne s'est présenté aucune occasion, non aucune, où ce cœur ait senti le besoin de s'ouvrir à vous; mais à peine dans cette cabane étroite et solitaire, où je n'entends d'autre bruit que celui de la grêle et du vent déchaînés contre mon humble toit, vous avez été ma première pensée. Votre image a frappé mes yeux en entrant. De doux, de chers souvenirs se sont aussitôt réveillés dans mon âme. Après tant et de si longues traverses, j'ai joui enfin d'un moment de bonheur.

Oh! si vos regards perçant jusqu'ici, pouvoient me suivre au milieu de ce tourbillon du monde et des plaisirs, où je suis emporté malgré moi, combien vous plaindriez votre ami, seul au milieu de la foule, privé d'appui, d'intérêt, accablé de tristesse et dévoré d'ennui! Pas une douce émotion, pas une heure de félicité. Les objets ne font que paroître et disparoître à mes yeux, et je me demande souvent si mon existence elle-même n'est pas un vain prestige [1].

Le soir, je me propose d'être debout avant l'aurore, pour voir le soleil monter sur l'horizon, et je ne puis m'arracher de

---

[1] « Il me semble que j'assiste à un spectacle de marion-
« nettes. Je vois passer et repasser devant moi de petits
« bons hommes, de petits chevaux, et je me demande
« souvent si tout cela n'est pas une illusion d'optique. Je
« joue avec ces marionnettes, ou plutôt je ne suis moi-
« même qu'une marionnette. Quelquefois je prends mon
« voisin par la main, je sens qu'elle est de bois, et je re-
« cule en frissonnant. »
Ces images que certains lecteurs trouveront peut-être fortes et neuves, m'ont paru forcées et bizarres ; c'est pourquoi je les ai rejetées en note. J'aurois cru gâter l'effet de cette lettre touchante par le mélange de pareilles peintures.

(*Note du traducteur.*)

mon lit. Le matin, je forme le projet de me promener à la douce clarté de la lune, et je reste enfermé chez moi. Chaque jour, je me lève, je me couche sans but, sans désir. Faut-il m'en étonner? Elle est tarie dans sa source cette sensibilité qui mettoit en mouvement tous les ressorts de mon être. J'ai perdu l'illusion qui faisoit la consolation de mes nuits, et le charme de mon réveil.

Une seule personne, dans cette foule vulgaire, s'est attiré mes regards. C'est une femme (elle vous ressemble, Charlotte, si l'on peut vous ressembler). Quoi donc, allez-vous dire, Werther aussi, Werther est devenu complimenteur? Oui, depuis quelque temps je fais, faute de mieux, profession de galanterie. Les femmes me trouvent de l'esprit. Personne, assurent-elles, ne s'entend à louer mieux que moi (et à mentir, ajouterez-vous; car l'un ne va guère sans l'autre). Mais je reviens à mademoiselle de B***. Son âme tendre et compatissante se peint dans ses beaux yeux bleus. Lasse d'un rang importun qui ne satisfait aucun des vœux de son cœur, elle voudroit pouvoir s'y soustraire. Elle voudroit être libre d'aller goûter, loin du tumulte, un bonheur que le monde ne sauroit lui donner. Nous passons souvent des heures entières à rêver un plan de félicité parfaite, au sein d'un champêtre asile, dans le calme et l'innocence de la nature ; surtout à parler de vous, ô Charlotte ! que de fois je l'ai forcée de reconnoître la supériorité de votre mérite ! Forcée, que dis-je ? non, c'est un libre et pur hommage qu'elle vous rend. Elle écoute avec tant de plaisir les louanges qui vous sont dues ! Sans vous connoître, Charlotte, elle vous admire, elle vous aime.

Oh ! que ne suis-je encore assis à vos pieds, dans votre cabinet favori, au milieu de nos chers enfans ! Si leurs jeux trop bruyans vous importunoient, je les rassemblerois en silence autour de moi, par l'appât séduisant d'un conte.

L'orage est dissipé ; le soleil, prêt à se coucher, colore de ses derniers rayons la campagne couverte de neige..... et moi, je vais quitter cette chaumière et rentrer dans ma prison! Adieu, Charlotte; Albert est-il auprès de vous? et comment? Que Dieu me pardonne cette question.

Le 8 février.

Le temps continue à être épouvantable, et je m'en réjouis. Depuis mon arrivée dans ce pays, pas un seul beau jour n'a lui, dont quelque importun ne soit venu m'enlever, ou me gâter la jouissance. Maintenant qu'il pleut, qu'il vente, qu'il neige, je me dis : il ne règne pas plus de calme aux champs qu'à la ville, dans la nature que dans mon cœur, et je suis moins malheureux.

Quand l'aurore pure et vermeille annonce une belle journée, je ne puis m'empêcher de m'écrier : « Voici donc encore une faveur du ciel qu'ils vont se ravir! car il n'est rien qu'ils ne se ravissent, réputation, plaisir, repos, santé; les uns par malice, les autres par sottise, tous, s'il faut les en croire, dans les meilleures intentions du monde. Quelquefois je suis tenté de me jeter à leurs pieds, et de les conjurer, les mains jointes, de ne pas déchirer avec tant de fureur leurs entrailles.

Le 17 février.

J'ai grand' peur que l'ambassadeur et moi, nous ne fassions pas longtemps bon ménage ensemble. Cet homme devient de jour en jour plus insupportable. Sa manière de travailler, de traiter les affaires est si absurde, que je suis souvent forcé de le contredire et de faire à ma guise. Il se fâche alors, et ne trouve rien de bien. Il s'est plaint dernièrement de moi à la cour, et le ministre m'a adressé une réprimande, douce il est vrai, mais enfin c'étoit une réprimande, et j'allois donner ma démission, quand j'ai reçu de lui une lettre écrite de sa propre main, une lettre pleine d'intérêt, de raison, de dignité. Après quelques légers reproches de ma trop vive sensibilité, il daigne applaudir à l'intelligence, au zèle, à l'assiduité que j'apporte dans les affaires. Loin de chercher à éteindre mon jeune et bouillant enthousiasme, il l'honore dans son principe. Seulement il m'exhorte à le diriger vers un but utile et raisonnable. Ainsi donc mon courage est remonté, le calme rentré dans mon âme, pour quelques jours du moins. O mon cher William, la paix de l'âme, le contentement de soi-même, voilà sans contredit les premiers, les véritables biens de l'homme. Pourquoi faut-il, hélas! que ce trésor, le plus précieux, le plus rare de tous, en soit aussi le plus fragile [1] ?

---

[1] Nous avons cru devoir, par respect pour un si excellent homme, supprimer cette lettre et une autre, dont il sera fait mention plus loin. Notre extrême empressement à plaire au public, et le désir de mériter sa reconnoissance, ne nous ont point paru des motifs suffisans pour justifier la hardiesse d'une pareille publication.

Le 20 février.

Que Dieu vous bénisse, mes chers amis! qu'il vous donne tout le bonheur qu'il me retire!

Je te remercie, Albert, de m'avoir trompé. J'attendois la nouvelle officielle de votre mariage pour détacher du mur de ma chambre le portrait à la silhouette de Charlotte, pour le faire disparoître à jamais. Vous êtes unis, et son image est encore là. Eh bien, qu'elle y reste; et pourquoi non? la mienne aussi n'est-elle pas au milieu de vous? Sans te nuire, Albert, n'ai-je pas la seconde place dans le cœur de Charlotte? oh oui, et je veux, et je dois la conserver. Oh! je deviendrois furieux, si elle pouvoit oublier..... Albert, l'enfer est dans cette pensée. Adieu, Albert! ange du ciel, Charlotte, adieu!

Le 15 mars.

J'ai essuyé une mortification qui me chassera d'ici. J'en frémis encore de rage. Le mal est sans remède, et c'est vous que j'en accuse, vous tous, cruels amis, conseillers perfides, qui à force de prières, d'importunités, de persécutions, m'avez contraint d'accepter une place incompatible avec mes goûts et mon caractère. Je vous ai obéi. Soyez contents; et afin que vous ne veniez pas me dire, à l'ordinaire, que mon imagination exagère tout, voici mon très-cher, en style clair et précis, avec toute la naïveté d'un chroniqueur, le récit fidèle de ce qui s'est passé :

Le comte de C*** m'estime, m'affectionne. Chacun le sait; je te l'ai dit cent fois. Hier, je dînois chez lui. C'était, par hasard, le jour où il reçoit dans la soirée la haute noblesse de la ville. Je n'y avois pas songé;

encore moins me seroit-il venu à l'esprit que nous autres subalternes, nous fussions exclus de ces réunions privilégiées. Au sortir de table, on passe dans le salon. Je me promène en causant avec le comte. Le colonel B*** survient, et prend part à la conversation. Insensiblement le temps s'écoule, l'heure de l'assemblée arrive, et Dieu sait que je n'y pensois guère. On annonce d'abord la très-haute et très-puissante dame de S***, avec monsieur son époux et leur pécore de fille [1], à la taille de guêpe et au cou de grue. Ils entrent, le nez au vent, le sourire sur les lèvres; ils jettent sur moi, en passant, un regard de protection. Cette race m'est antipathique. Je brûle de m'esquiver. Je guette l'instant favorable où je pourrai prendre congé du comte, engagé dans un fastidieux entretien, lorsque paroît mademoiselle de B***. A sa vue, le cœur me bat, j'oublie ma résolution et vais me placer derrière son fauteuil; mais bientôt je m'aperçois qu'elle a l'air froid et

---

[1] « Et leur petit oison bridé de fille, à la gorge plate et
« à la taille effilée. »

distrait, qu'elle me parle avec une sorte d'embarras. Quoi, elle aussi, me dis-je, ressembleroit-elle à tout ce monde? Dans mon dépit, je veux partir. Je reste cependant : il me seroit si doux de la justifier. Peut-être mes soupçons sont-ils mal fondés. J'attends un mot de sa bouche pour me tirer d'erreur; que sais-je, enfin? Cependant le salon se remplit. Arrivent successivement le baron de F***, chamarré de tous les ordres qu'il portoit au couronnement de l'empereur François 1er, le conseiller aulique R***, qui se fait traiter ici d'excellence, avec sa sourde moitié, sans oublier le pauvre et ridicule J*** [1], dont l'habillement bigarré offre un assemblage grotesque des anciennes et des nouvelles modes. La foule grossit de moment en moment. J'adresse la parole à quelques personnes de ma connoissance; je n'en obtiens que des réponses fort laconiques. Uniquement occupé de mademoiselle de B***, je ne fais pas attention que les femmes se parlent bas

[1] « Qui rapièce ses vieux habits à la françoise avec des « rognures d'étoffes à la nouvelle mode. »

à l'oreille dans un coin du salon, que les hommes murmurent, que madame de S*** s'entretient avec le comte (j'ai su depuis ces détails par mademoiselle de B***). Enfin le comte vient à moi, et me tirant à l'écart dans l'embrasure d'une fenêtre : « Vous connoissez, me dit-il, notre bizarre étiquette ; je crois m'apercevoir que votre présence ici ne produit pas un bon effet[1]. Je serois au désespoir !.... »

[1] Le lecteur demandera sans doute en quel lieu du monde a pu se passer une pareille scène ? Je me hâte de répondre avec tous les gens raisonnables : en aucun pays civilisé. Cette scène imaginaire est une odieuse calomnie contre la classe élevée de la société. Elle blesse également le bon sens et le bon goût. Vit-on jamais en effet une plus plate et plus misérable parade, tant de grossièreté jointe à tant d'invraisemblance? quoi, la noblesse de la ville compte parmi ses membres, quoi, le comte de C*** reçoit dans son salon d'ignobles caricatures, dignes au plus de figurer sur les tréteaux de la Foire ! Quoi Werther, jeune homme d'esprit, de talent, attaché à une ambassade, est exposé à essuyer chez son protecteur, chez son ami, un aussi indigne affront ! peut-on admettre un seul instant une telle supposition? il entre dans ce grotesque tableau une ignorance profonde du monde. Non, la bonne compagnie n'est ni aussi stupide, ni aussi ridicule qu'on prétend la représenter ici. A ne la considérer que sous les rapports extérieurs, elle se distingue par sa noble politesse,

« Oh ! pardon, mille fois pardon ! répondis-je ; j'aurois dû m'en apercevoir plus tôt. Votre excellence daignera m'excuser. De-

autant que par l'élégance de ses formes et de son langage. Chez elle le mérite est toujours accueilli avec faveur. L'ignorance et la sottise sont le propre des parvenus de tous les temps et de tous les pays.

Mais, dira-t-on peut-être, l'auteur avoit besoin d'exciter dans l'âme de Werther une violente secousse, de porter à l'extrême l'irritation de ses esprits, de le pousser enfin par tous les genres quelconques de chagrins et de dégoûts, à la fatale catastrophe qui doit terminer sa destinée. Ce n'est point là une excuse valable. Combien d'autres moyens conduisoient au même but ? Ici l'embarras n'étoit, ce semble, que dans le choix. Chez les hommes nés, comme Werther, avec une tête effervescente, avec un cœur passionné, la plus légère cause suffit pour produire de grands effets. L'auteur devoit s'efforcer de rendre son héros de plus en plus cher au lecteur, de multiplier ses titres à l'intérêt, à la pitié, non le peindre animé de passions jalouses et haineuses, encore moins l'avilir gratuitement.

Gœthe, il faut bien le reconnoître, Gœthe paie ici le tribut à l'esprit révolutionnaire qui déjà fermentoit en Europe, à l'époque où parut le roman de *Werther*. C'est une foiblesse indigne d'un si beau talent. Elle se concilie mal d'ailleurs avec le rôle politique que l'auteur joua depuis ; et l'on doit croire que le favori, le premier ministre du duc de Saxe-Weymar désavoua plus tard cette indécente et ridicule diatribe qui est une tache dans son ouvrage.

(*Note du traducteur.*)

puis longtemps je voulois me retirer ; un mauvais génie, sans doute, m'a retenu jusqu'ici, » ajoutai-je en souriant, et m'inclinant profondément.

Le comte me serra la main avec un regard plus éloquent que toutes les paroles. Je me dérobai sans bruit de l'auguste assemblée, je pris un cabriolet, et me fis conduire à M***. Là, du haut de la colline, j'assistai au coucher du soleil, après avoir relu dans mon Homère le magnifique chant de l'Odyssée où le poëte décrit avec tant de charmes l'accueil hospitalier que fait à Ulysse le vénérable chef des pasteurs, le vieux et fidèle Eumée. Je me sentis ensuite l'âme plus tranquille.

Le soir, je revins à mon auberge à l'heure du souper. Il n'y avoit encore que peu de monde dans la salle à manger. Quatre ou cinq personnes avoient relevé la nappe, et s'amusoient à jouer aux dés sur un coin de la table. Bientôt entre le bon Adelin [1]. Il me considère attentivement, s'approche de moi

---

[1] « Il pose son chapeau. »

et me dit à voix basse : « Tu as eu un désagrément?

« Qui, moi? repartis-je.

« Oui, le comte t'a fait entendre qu'il falloit te retirer de l'assemblée.

« Au diable leur assemblée, m'écriai-je. J'étouffois; je suis sorti pour respirer le grand air.

« Ah! je te sais gré de prendre ainsi la chose. Je suis pourtant fâché pour toi du bruit qu'elle fait déjà partout. »

Je commençai à concevoir de l'inquiétude. Tous ceux qui venoient se mettre à table me regardoient avec curiosité. Ils savent mon affront, pensois-je en moi-même, et le sang me bouilloit dans les veines.

Or maintenant, en quelque lieu que j'aille, je me vois l'objet d'une insultante pitié. Je lis sur le front de mes ennemis leur joie arrogante. Il me semble les entendre se dire : c'est ainsi qu'on châtie l'insolence d'un fat, qui fier de son peu de mérite ose braver les bienséances et tenter de s'élever au-dessus de ses égaux. Oh! il y a là de quoi s'enfoncer de rage un poignard dans le sein! car, mon ami, qu'on vante tant qu'on voudra la vertu de résignation, le courage stoïque. On peut jusqu'à un certain point braver les attaques de la calomnie; mais quel homme de cœur souffrira que de vils coquins abusent lâchement, pour l'accabler, du malheur qui l'opprime?

Le 16 mars.

Tout conspire contre moi. Aujourd'hui je rencontre à la promenade mademoiselle de B***; je ne puis m'empêcher de l'aborder, de lui témoigner, lorsque nous sommes un peu à l'écart, la douleur que me cause son changement.

« O Werther, me répond-elle d'un ton de voix ému, est-il possible que vous me jugiez si mal, vous qui connoissez mon cœur? Que n'ai-je pas souffert pour vous, du moment que j'ai mis le pied dans cette fatale assemblée? je prévoyois tout ce qui alloit arriver; vingt fois j'ai été sur le point de vous en avertir. Je savois que mesdames de S***, de T*** et leurs maris sortiroient violemment du salon, plutôt que d'y rester avec vous. Je savois que le comte n'oseroit s'entremettre en votre faveur; et maintenant, que de propos dans la ville! »

« Comment, mademoiselle? » m'écriai-je en m'efforçant de cacher mon agitation; et tout ce qu'Adelin m'avoit dit l'avant-veille revenoit se graver dans ma mémoire en traits de feu.

« Moi-même, reprit cette aimable personne les larmes aux yeux, que n'ai-je pas eu à souffrir aussi? »

Je ne me possédois plus, et près de me jeter à ses pieds : « Au nom de Dieu, mademoiselle, daignez vous expliquer! » lui dis-je.

Les pleurs inondoient son visage. Elle les essuya, mais ne chercha point à me les cacher. « Vous connoissez, continua-t-elle, le caractère altier de ma tante. Elle étoit présente, elle a tout vu, et de quel œil prévenu ! O Werther, hier au soir, ce matin encore, il m'a fallu supporter de sa part les plus durs reproches à votre sujet, vous entendre rabaisser, humilier, sans pouvoir, sans oser vous défendre qu'à demi. »

Chacune de ces expressions s'enfonçoit dans mon cœur comme un fer aigu. Elle ne sentoit pas combien il eût été généreux à elle de me laisser dans mon ignorance. Elle ne s'en tint pas là. Elle me représenta avec force l'éclat inévitable de ma fâcheuse aventure, le triomphe et la joie qu'elle apprêtoit à certaines gens, ravis de voir tomber sur moi la punition de ce qu'ils nommoient mon orgueil, et de ce dédain pour les autres qu'on m'avoit si souvent reproché.

Quel supplice, William, d'entendre de sa bouche ces paroles cruelles, prononcées avec l'accent du plus véritable intérêt ! J'étois exaspéré ; et même encore, en traçant ces lignes, j'ai peine à contenir mon indignation. Je voudrois que quelqu'un osât me provoquer, pour avoir le plaisir de lui plonger mon épée dans le sein. Il me faut du sang..... du sang, fût-ce le mien. Oui, si je

voyois couler du sang, je serois, je crois,
plus tranquille. Cent fois j'ai saisi un couteau, brûlant de soulager d'un seul coup
mon cœur oppressé. On parle d'une noble
race de coursiers qui après une course
violente, palpitans, hors d'haleine, se déchirent eux-mêmes la veine avec les dents,
pour respirer plus librement. Je suis tenté
d'imiter leur exemple, et de me frayer
ainsi la route vers une éternelle liberté.

Le 24 mars.

J'ai demandé mon congé au ministre. Il
me l'accordera, j'espère. Vous me pardonnerez de n'avoir pas commencé par m'assurer de votre consentement; mais il falloit
que je partisse, et je savois d'avance tout
ce que vous me diriez pour m'engager à
rester. Mon ami, charge-toi de faire prendre les choses en douceur à ma mère. Dans

l'impuissance où je suis de m'occuper de mes propres intérêts, pourroit-elle me savoir mauvais gré de négliger les siens? Je conçois toutefois son chagrin. Il doit lui en coûter de voir son fils s'arrêter tout court[1] à l'entrée de la belle carrière qui s'ouvroit devant lui, et se replonger dans son obscure inaction. Eh bien, raisonnez là-dessus comme il vous plaira, accablez-moi de reproches, ressassez longuement tous les motifs qui pouvoient, qui devoient me retenir à mon poste. Je pars; et pour que vous n'ignoriez point où je vais, je vous dirai que le prince de ***, qui m'a pris en affection, n'a pas été plutôt instruit de ma résolution, qu'il m'a invité à le suivre dans ses terres et à y passer la belle saison. Il me promet une entière liberté. Le prince et moi nous nous entendons, jusqu'à un certain point : j'ai donc voulu en courir la chance, et je pars avec lui.

[1] De voir son fils faire halte tout à coup dans la belle carrière qui le menoit droit au conseil privé et aux ambassades, et ramener sa monture à l'écurie.

Le 19 avril.

P. S. Mille grâces de tes deux lettres. J'attendois pour y répondre la décision du ministre. Je craignois que ma mère ne songeât à traverser près de lui mes démarches. Il seroit trop tard aujourd'hui ; je tiens entre mes mains mon congé. Je ne vous dirai pas la peine que j'ai eue à l'obtenir, ni ce que le ministre a daigné m'écrire d'obligeant à cette occasion. Je ne ferois qu'augmenter par là vos regrets. Le prince héréditaire m'a envoyé vingt-cinq ducats pour adieux, avec un mot de sa main qui m'a touché jusqu'aux larmes. Ainsi, je n'aurai pas besoin de l'argent que j'avois demandé à ma mère.

Le 5 mai.

Je pars demain; et comme le lieu de ma naissance n'est éloigné que de six milles de la route, je veux m'en écarter pour le revoir ; je veux aller rechercher les traces fugitives de mon heureuse enfance. J'entrerai par la même porte par laquelle nous sortîmes ma mère et moi, lorsqu'à la mort de mon père nous quittâmes notre retraite chérie, pour venir nous emprisonner dans votre triste ville. Adieu, William, tu auras bientôt de mes nouvelles.

Le 9 mai.

J'ai fait l'excursion que je projetois, avec tout le recueillement, avec toute la dévotion d'un véritable pèlerin, et l'aspect du sol natal a ranimé dans mon âme mille impressions que j'en croyois effacées. Au gros tilleul, à un quart de lieue de la ville, du côté de S***, je mis pied à terre et fis prendre les devans à ma voiture, pour mieux savourer dans une marche lente le charme de mes souvenirs. Je me retrouvois sous ce bel arbre, jadis le but et le terme des promenades de mon enfance; mais que les temps étoient changés! Alors, dans ma simple inexpérience, je soupirois après un monde inconnu où je me promettois tant de jouissances, où je croyois trouver tant d'aliment à mon ardente sensibilité. J'en revenois maintenant, de ce monde, ô mon ami, avec combien d'espérances déçues, d'illusions évanouies!

Je voyois devant moi la montagne vers laquelle s'étoient dirigés si souvent mes avides regards. Que de fois, me transportant en imagination sur sa cime élevée, je prenois plaisir à contempler de là l'immense horizon, à m'égarer dans les riantes vallées, dans les forêts profondes qui se confondoient à ma vue avec l'azur des cieux ! le temps s'écouloit ainsi comme un songe ; et quand l'heure prescrite me rappeloit à l'étude, oh! qu'il m'en coûtoit pour m'arracher à mes douces rêveries !

Cependant j'approchois de la ville ; je saluois avec transport tous les pavillons, tous les jardins qui m'étoient connus. Les nouveaux, les moindres changemens me causoient un déplaisir secret. Enfin, je franchis la porte, et mon illusion fut au comble. Je n'essaierai pas de te peindre mes sensations; autant elles étoient vives et variées, autant le tableau que je pourrois t'en faire te paroîtroit froid et monotone. Je voulois loger sur la place du marché, près de notre ancienne maison ; je remarquai en passant que l'école où nous entassoit pêle-mêle notre vieille et respectable institutrice, étoit transformée en boutique. Je me rappelai les tourmens d'esprit, les angoisses de cœur que j'éprouvai dans cette étroite enceinte, les larmes amères que j'y versai bien souvent. A chacun de mes pas se réveilloit un souvenir. Non, jamais pèlerin ne rencontra dans la Terre-Sainte tant de lieux consacrés par les augustes mystères de sa foi ; jamais son âme n'y fut agitée d'aussi religieuses émotions.

Je descendis ensuite le fleuve, jusqu'à une certaine métairie qui étoit encore un de nos buts de promenade. Je reconnus la place où nous nous exercions, mes camarades et moi, à qui feroit avec sa petite pierre plate les plus beaux ricochets. Là quelquefois, quittant le jeu et me retirant à l'écart, immobile, les yeux attachés sur le cours du fleuve, je me peignois de couleurs magiques les diverses contrées qu'il arrosoit de ses ondes. Aucun obstacle n'arrêtoit ma jeune imagination. J'allois, j'allois toujours en avant, avec le flot rapide, jusqu'à ce que je finisse par m'enfoncer, par me perdre dans les espaces infinis.

Telles étoient, mon cher William, l'ignorance et la crédulité de nos bons aïeux. Leur poésie, leurs idées, leurs images, se ressentent, si j'ose m'exprimer ainsi, de la naïveté de l'enfance. Lorsqu'Ulysse parle de la vaste mer, de la terre sans limites, son langage a je ne sais quoi d'obscur, de touchant, de mystérieux. Que me sert de pouvoir répéter aujourd'hui, avec tous les écoliers, que la terre est ronde? Hélás! il n'en faut à l'homme que quelques toises pour soutenir sa frêle existence, et moins encore pour y cacher sa dépouille!

Je suis maintenant établi dans la maison de campagne du prince. Il est d'un commerce facile, d'un caractère simple et vrai; mais je ne puis définir une singulière espèce de gens qui l'entourent. Sans avoir précisément la mine de fripons, ils n'ont pas non plus l'air d'honnêtes gens; et, quelques prévenances qu'ils me fassent, je ne saurois me fier à eux.

Ce qui me déplaît dans le prince, c'est

qu'il parle trop souvent de choses qu'il ne sait que par ouï dire, ou d'après des lectures superficielles, et que son opinion est presque toujours l'écho de celle des autres.

Il fait aussi plus de cas de mon esprit et de mes foibles talens que de mon cœur, de ce cœur, mon unique orgueil, seul principe et source intime de toutes mes facultés, de mon bonheur, ainsi que de mes souffrances. Ah! ce que je sais, tout le monde peut le savoir; mais qui jamais eut un cœur comme le mien?

Le 25 mai.

Je méditois un projet dont je ne comptois vous parler qu'après l'exécution. Aujourd'hui que j'y ai renoncé, il n'y a plus de mystère à vous en faire. Je voulois embrasser la profession des armes; je le souhaitois depuis longtemps. C'étoit là surtout ce qui m'avoit décidé à suivre ici le prince, qui est général au service de ***. Je m'ouvris dernièrement à lui de mon dessein, dans une promenade que nous fîmes ensemble; mais il m'en détourna par de si bonnes raisons, qu'il y auroit eu de ma part encore plus d'obstination que de vaine gloire à y persister.

Le 11 juin.

Non, mon ami, quelque chose que tu me dises, je ne puis rester ici davantage. Eh qu'y ferois-je? le temps m'accable de son poids. Le prince, il est vrai, me traite aussi bien que possible; mais je ne suis point chez lui dans ma sphère; nous n'avons ensemble nul rapport commun. Son esprit (on ne peut lui refuser de l'esprit) est d'une trempe si vulgaire, sa conversation d'un genre si frivole! Mon ami, encore huit jours et je reprends ma vie errante. Je n'aurai guère profité de mon séjour en ce pays, que pour avancer mes dessins. Le prince a le sentiment des arts. Il pourroit même passer pour amateur, si des vues étroites, un attachement servile aux règles, n'étouffoient en lui les heureuses dispositions de la nature. J'enrage, lorsqu'au milieu d'une dissertation animée, où je cherche à l'initier aux sublimes beautés de la nature et de l'art, il m'interrompt brusquement pour me jeter à la tête un mot technique.

Le 16 juillet.

Hélas! oui, je ne suis qu'un étranger, qu'un voyageur sur la terre; mais vous autres, qu'êtes-vous donc de plus?

Le 18 juillet.

Tu me demandes où je compte aller? je vais te le dire en confidence. Je passerai encore ici quinze jours, je ne puis m'en dispenser; après quoi, j'irai visiter les mines de ***. C'est là, du moins, ce que je me dis; mais, dans le fond, mon unique pensée est de me rapprocher de Charlotte. Adieu, j'ai honte de mon pauvre cœur, et je n'en obéis pas moins en esclave à tous ses caprices.

Le 29 juillet.

¹ O bonheur! ô comble du bonheur! qui, moi, son époux,! moi, l'époux de Charlotte! grand Dieu! si tu m'avois fait naître pour une pareille félicité, ma vie entière n'eût été qu'actions de grâces.... Qu'ai-je dit? pourquoi pleuré-je? Je ne murmure point. Ciel! pardonne-moi mes larmes, mes vœux superflus.... Charlotte, mon épouse! je presserois contre mon sein la plus aimable, la plus aimée des femmes! Lorqu'Albert entoure de ses bras sa taille charmante, un froid mortel pénètre jusqu'à la moelle de mes os.

Oserai-je le dire? Pourquoi pas, Wil-

---

¹ Il est clair, d'après cette lettre, que Werther est de retour auprès de Charlotte. Pourquoi l'auteur n'en a-t-il rien dit? L'entrevue des deux amans offroit une scène touchante qu'il n'auroit pas dû, ce semble, négliger de peindre.

(*Note du traducteur.*)

liam ? Elle eût été plus heureuse avec moi. Non, cet homme est incapable de remplir l'étendue de ses désirs ; il manque d'une certaine sensibilité, il manque..... Leurs âmes ne sont point assez d'intelligence ; une douce sympathie n'a point formé leurs nœuds. Le voit-on s'attendrir à certains passages d'un auteur chéri, qui fait couler nos larmes ? partager nos impressions dans mille circonstances où nous pensons, où nous sentons ensemble ? mais il l'aime, il l'aime avec passion ; et que ne mérite pas tant d'amour ?

Un importun est venu m'interrompre ; me voilà distrait ; mes yeux sont secs. Adieu, mon ami.

Le 4 août.

Je ne suis pas seul à souffrir. Tous les hommes ont leur part dans le malheur commun. L'autre jour, je rencontrai sous les tilleuls ma bonne villageoise. Philippe accourut à moi, dès qu'il m'aperçut. Ses cris de joie attirèrent sa mère : Dieu! qu'elle me parut changée. « Ah! monsieur, me dit-elle (ce furent ses premières paroles), mon pauvre Jean est mort » (c'étoit son plus jeune enfant).

Je gardois le silence.

« Mon mari, continua-t-elle, est revenu de Suisse; il n'en a rien rapporté. La fièvre l'a pris en chemin, et sans les secours de quelques personnes charitables, il auroit été réduit à mendier son pain. »

J'étois trop ému pour lui répondre; je donnai une pièce d'argent à Philippe. La mère m'offrit un petit panier de pommes, que je ne voulus pas refuser, et je quittai à la hâte ce lieu de triste souvenir.

Le 21 août.

Comme en un tour de main je deviens différent de moi-même ! un doux rayon de joie semble-t-il vouloir réchauffer mon sein ? hélas, il s'éteint aussitôt. En m'égarant dans mes songes, je ne puis me défendre de cette pensée : quoi, si Albert mouroit, tu serois...... Oui, elle pourroit être.... Et je m'attache à ce fantôme imposteur, jusqu'à ce qu'il me conduise au bord d'un abîme, devant lequel je recule épouvanté.

Quand je sors de la ville par la même porte, quand je me retrouve sur la même route que je pris pour la première fois en conduisant Charlotte au bal, je m'écrie douloureusement : « Quelle révolution depuis ce temps ! tout, tout a disparu. Aucun vestige du passé. Plus une goutte du sang qui couloit dans mes veines, plus une des émotions qui faisoient battre mon cœur. Il en est de moi comme de l'ombre d'un puissant monarque, qui s'échappant un moment de la tombe pour revoir le palais qu'il bâtit, qu'il orna dans les jours de sa magnificence, ce palais somptueux dont il dota en mourant un fils chéri, ne retrouveroit à la place que d'informes débris et des monceaux de cendres.

Le 3 septembre.

Comment peut-elle, comment ose-t-elle en aimer un autre, tandis que je brûle pour elle d'un amour si tendre, si passionné, si exclusif, que je ne connois, ne vois qu'elle, qu'il ne me reste qu'elle au monde !

Le 4 septembre.

Et moi aussi, je suis sur mon déclin comme la nature; mon automne est arrivée; l'hiver s'avance à grands pas [1]. Te souvient-il d'un jeune valet de ferme dont je te parlai une fois à mon arrivée dans ce pays? Je m'informai dernièrement, à Walheim, de ce qu'il étoit devenu. On me dit que la veuve qu'il servoit l'avoit renvoyé, et personne ne voulut m'en apprendre davantage. Hier, je le rencontrai par hasard sur la route d'un village voisin. Je l'abordai, nous liâmes conversation, et en peu de temps je fus au fait de son histoire. Elle fit sur moi une impression profonde, comme tu le concevras sans peine, quand je te l'aurai contée. Mais à quoi bon ce ré-

---

[1] « Oui, il en est ainsi : comme la nature incline vers
« l'automne, l'automne est en moi et autour de moi. Mes
« feuilles jaunissent, et déjà celles des arbres voisins sont
« tombées. »

cit? Pourquoi ne pas renfermer dans mon sein ce qui m'afflige et me tourmente? Pourquoi te communiquer ma tristesse et te fournir toujours des occasions de me blâmer ou de me plaindre? Que veux-tu? c'est encore là sans doute un des malheurs inséparables de ma destinée!

Le jeune paysan répondit d'abord à mes questions d'un air morne et pensif, à travers lequel je crus démêler un peu de honte. Bientôt s'enhardissant, comme s'il revenoit à lui et me reconnoissoit à la fois, il m'avoua ses torts et déplora amèrement son infortune. Il me raconta (il sembloit trouver dans ses souvenirs une jouissance mélancolique), il me raconta comment sa passion pour sa maîtresse, prenant chaque jour de nouvelles forces, avoit fini par le subjuguer entièrement. Il ne savoit plus ce qu'il disoit, à quoi il pensoit, ni, pour me servir de son expression, où sa pauvre tête étoit allée. Il perdit l'appétit, le sommeil; il respiroit à peine. Sans cesse il faisoit ce qui lui étoit défendu, et oublioit de faire ce qu'on lui commandoit. Il se sentoit obsédé par quelque esprit malfaisant. Un jour, ayant vu sa maîtresse monter seule dans une chambre haute, il la suivit, ou plutôt il céda malgré lui à une puissance irrésistible qui l'entraînoit sur ses pas. La trouvant insensible à son amour, à ses ardentes prières, il tenta de recourir à la violence. Il ignoroit comment cela étoit arrivé, mais il prenoit le ciel à témoin que ses vues étoient pures, et qu'il n'avoit jamais eu d'autre désir, d'autre intention, que de l'épouser et de lui consacrer sa vie entière.

Il continua encore un peu de temps de la sorte, puis il s'interrompit soudain, comme un homme à qui il reste quelque chose à dire qu'il n'ose point articuler. Enfin il me confia timidement les légères faveurs que lui accordoit sa maîtresse, les petites familiarités qu'elle l'autorisoit à prendre avec elle. Il s'interrompit deux ou trois fois pour protester de la manière la plus solennelle, qu'il ne disoit pas cela dans le dessein de lui nuire; qu'au contraire, il l'aimoit et l'estimoit toujours autant que par le passé, et que si un pareil aveu sortoit pour la première fois de sa bouche, son unique but étoit de me convaincre que sa conduite n'avoit été celle ni d'un fou, ni d'un scélérat.

Ici je suis forcé d'en revenir à mes éternelles exclamations. Que ne puis-je te peindre cet homme tel que je l'ai vu, tel que je le vois encore! Que ne puis-je te répéter, mot pour mot, toutes ses paroles, et te faire ainsi comprendre l'intérêt que j'ai pris, que j'ai dû prendre à sa destinée! Mais tu connois celle de ton ami. Le fond de son cœur est à découvert devant toi. Eh! n'en est-ce pas assez pour t'expliquer le charme qui m'attire vers tous les malheureux, surtout vers les malheureux de cette espèce?

Je m'aperçois, en relisant ma lettre, que j'ai oublié de te raconter la fin de l'histoire. Tu la devines aisément. La belle fermière fit une vive résistance; son frère accourut à ses cris. Depuis longtemps il haïssoit le jeune valet de ferme, et ne cherchoit que l'occasion de le faire renvoyer. Sa sœur étoit riche, sans enfans; il craignoit, si elle venoit à l'épouser, de se voir frustré par les suites d'un second mariage, d'une succession qui donnoit à sa famille les plus belles espérances. Il le chassa donc sur-le-champ de la maison, et avec tant de fracas, qu'il mit sa sœur dans l'impossibilité de le reprendre à son service, quand bien même elle en auroit eu la fantaisie.

Voilà ce que m'apprit le jeune paysan. Il ajouta que la fermière avoit pris depuis peu un autre domestique, au sujet duquel on la disoit aussi brouillée avec son frère; qu'on assuroit dans le pays qu'elle devoit l'épouser; mais qu'il étoit bien résolu à ne le point souffrir.

Je n'ai rien embelli, rien exagéré. Forcé de m'astreindre aux formes timides d'un langage de convention, combien, au contraire, n'ai-je pas affoibli, dans mon pâle récit, cette scène énergique et touchante.

Ainsi donc l'amour, la fidélité, la constance, ces nobles sentimens, l'honneur de l'humanité, ne sont point une fiction poétique. Ils existent dans toute leur intégrité, au sein de ces hommes que nous nommons grossiers et barbares, nous gens polis, gens usés, enfans abâtardis de la civilisation!

J'ai l'esprit calme en écrivant. Ma main, tu le vois, ne tremble pas comme de coutume. Lis cette histoire avec attention; lis, mon cher William, et dis-toi bien que c'est aussi celle de ton ami. Oui, tel a été mon commencement, et telle sera ma fin; mais que je suis loin encore du courage, de la résignation de cet infortuné, auquel j'ose à peine me comparer!

Le 5 septembre.

Son mari est depuis quelques jours à la campagne, où des affaires le retiennent. Elle lui avoit écrit un billet qui commençoit par ces mots: « Mon ami, mon cher ami, reviens le plus tôt que tu le pourras. Je t'attends avec une vive impatience.» Albert lui ayant fait dire que des circonstances imprévues le forçoient à différer son retour, le billet resta ouvert sur sa table. Il me tomba le soir entre les mains. Je le lus et me mis à sourire; elle m'en demanda la cause. Que l'imagination, m'écriai-je, est un don divin! Ne me suis-je pas un moment figuré que ce billet s'adressoit à moi¹!

Elle changea de propos, parut mécontente et je me tus.

¹ Le 6 septembre.

¹ « J'ai eu bien de la peine à réformer le frac bleu uni
« que je portois au bal où je dansai pour la première
« fois avec Charlotte; mais à la fin il n'étoit plus mettable.
« Je viens de m'en faire faire un tout semblable, collet,
« revers et paremens, avec le gilet et la culotte chamois.

« Cela ne produira pas exactement le même effet. Qui
« sait, pourtant? peut-être celui-ci me deviendra-t-il, par
« la suite, encore plus cher. »

Le 12 septembre.

Elle est de retour de la campagne, où elle avoit été rejoindre Albert. Je fus la voir ce matin. Comme j'entrois dans sa chambre, elle vint au-devant de moi, et me donna sa main que je baisai avec transport.

Un serin vola de la glace sur son épaule.

« C'est un nouvel ami que je vous présente, me dit-elle en le prenant sur son doigt. Je le destine à mes enfans. Voyez comme il est caressant, comme il bat des ailes, comme il me baise ! Tenez, voyez ! »

En disant ces mots, elle lui tendoit ses lèvres de rose, et l'oiseau les pressoit, les becquetoit aussi voluptueusement que s'il eût senti son bonheur.

« Je veux aussi qu'il vous baise, » me dit-elle en l'approchant de moi.

L'oiseau ne fit que passer des lèvres de Charlotte aux miennes, et ses élans redoublés sembloient avoir pour but quelque agréable jouissance.

« Ses baisers, dis-je à Charlotte, ne sont pas désintéressés. Il cherche à manger, et paroît peu satisfait de mes stériles caresses. »

Elle l'appela et lui présenta de petites miettes de pain sur ses lèvres entr'ouvertes, qu'embellissoient l'innocente joie et le sourire enchanteur de la bonté.

Je détournai les yeux. Dieu! que lui avois-je fait pour en user si familièrement avec moi? Devoit-elle, en m'offrant sans voile ces ravissantes images, allumer le feu dans mes veines, et tirer mon être de ce sommeil bienfaisant où je goûte quelquefois l'oubli de mes maux et de la vie? Mais que dis-je? Pourquoi ces reproches? Puis-je lui faire un crime de sa confiance en moi? Ah! elle sait bien que je ne la trahirai pas; elle connoît tout mon amour.

Le 15 septembre.

Comment retenir son indignation, William, en voyant des créatures humaines assez dépourvues d'âme et de sens, pour dédaigner le peu de vrais biens qui aient encore quelque prix sur la terre! Tu te rappelles les noyers que nous admirâmes un soir, Charlotte et moi, chez le bon pasteur de S***, ces magnifiques noyers sous lesquels un doux attrait m'avoit souvent ramené depuis. Quel jour agréable et sombre! quelle délicieuse fraîcheur ils répandoient dans la cour du presbytère! Avec quel plaisir on cherchoit l'abri de leur voûte épaisse, et comme on y bénissoit la mémoire des vénérables pasteurs qui les avoient plantés, il y avoit tant d'années! Le maître d'école nous répétoit souvent le nom de l'un d'eux, qu'il tenoit de son grand père. Ce devoit être un bien excellent homme! Jamais je ne m'asseyois à l'ombre de ces arbres, sans lui payer mon tribut de reconnoissance. Ce pauvre maître d'école ! il avoit hier les larmes aux yeux, en m'apprenant que les noyers étoient abattus..... Mes noyers abattus ! Dans ma fureur, je tuerois je crois, sans pitié, le chien enragé qui leur porta le premier coup. Quelle douleur pour moi, qui ne me consolerois de ma vie, si ayant dans ma cour deux arbres semblables, je venois à en perdre un de vieillesse ! Une chose pourtant (admire la bizarrerie du cœur humain), une chose adoucit un peu mon chagrin. L'indignation est générale dans le pays. Tous les habitans murmurent hautement ; et j'espère que l'indigne femme du nouveau pasteur (notre bon et respectable vieillard est mort), trouvera bientôt dans la suppression des présens d'œufs, de lait, de beurre et des autres offrandes de ses paroissiens, la punition de son action sacrilége. Si tu es curieux de connoître cette mégère, la voici trait pour trait. Figure-toi un démon femelle, au teint pâle et livide, au tempérament hypocondriaque, haïssant le monde entier, où personne ne prend intérêt à elle ; une écervelée qui veut passer pour savante, se mêle de commenter les Écritures, travaille jour et nuit à la réformation religieuse et morale de la chrétienté, rit de pitié de ce qu'elle appelle les rêveries de Lavater ; enfin un être atrabilaire, infirme, pour qui il n'existe ni plaisir ni joie sur la terre. Eh! quelle autre qu'une telle créature étoit capable d'abattre mes noyers? Mon ami, je ne reviens pas de ma surprise. Le croirois-tu? la chute des feuilles rendoit, l'hiver, la cour de madame, humide et malpropre; l'été, l'épaisseur du feuillage lui déroboit les rayons du soleil; enfin, l'automne, quand les noix sont mûres, le bruit que font les enfans en les abattant à coups de pierres, agaçoit ses nerfs et troubloit la profondeur de ses méditations sur Kennicot, Semler et Michaelis. Témoin du mécontentement des habitans, surtout de celui des vieillards, je leur demandai pourquoi ils avoient souffert un pareil meurtre? « Ah! monsieur, me répondirent-ils, lorsque le maire veut quelque chose dans ce pays, le moyen de s'y opposer? Or, voici ce qui est arrivé. Le pasteur, désirant profiter une fois dans sa vie des sottes et ruineuses fantaisies de sa femme [1], s'entendit avec le maire pour abattre les arbres et en partager le prix. Le Domaine, instruit de leur intelligence, intervint à l'instant même. Il fit revivre d'anciennes prétentions à la partie du presbytère où étoient plantés les noyers, et les vendit publiquement à l'enchère. Ils sont encore couchés sur la place. Oh! si j'étois prince, j'ordonnerois que la femme du pasteur, le maire, les gens du Domaine.... Bon! si j'étois prince, que me feroient tous les arbres de mes États?

[1] « Qui ne rendent pas d'ordinaire sa soupe plus grasse. »

Le 10 octobre.

Pourvu que je rencontre ses yeux noirs, je suis content. Une chose m'afflige toutefois, c'est de voir qu'Albert ne semble pas aussi heureux qu'il se flattoit de l'être.... que je l'aurois été, je pense, si.... Je n'aime point les réticences; mais ici je ne puis m'expliquer plus clairement. Eh! n'est-ce pas me faire assez comprendre?

Le 12 octobre.

Ossian a supplanté mon Homère. Dans quel monde mystérieux, sublime, ce puissant génie me transporte! Tantôt errant avec lui sur les sombres bruyères, je distingue à la pâle clarté de la lune, les ombres des ancêtres que la tempête emporte au milieu des nuages ; tantôt du sommet de la montagne où retentit le bruit du torrent, j'entends les soupirs étouffés des mânes qui gémissent au fond de leurs obscures retraites; mon oreille est frappée des plaintifs accens de la jeune fille, prosternée sur le monument couvert de mousse de son brave et malheureux amant. Que fais-tu seul dans cette lande déserte, auguste vieillard à la chevelure argentée? Tu cherches les traces de tes pères, et tu ne trouves, hélas! que leurs tombeaux. Tes regards désolés se tournent vers l'étoile du soir, prête à éteindre ses feux dans la mer agitée. Tu te rappelles les temps, les temps si chers à ta mémoire, où cet astre propice présidoit à tes nobles travaux, où le flambeau des nuits guidoit à ton retour ta poupe victorieuse et couronnée. Dans quelle sombre tristesse il paroît enseveli! Le héros magnanime, ce dernier rejeton de sa race, se voit délaissé de l'univers, languissant et déjà voisin de la tombe. Son unique consolation est de s'entretenir avec les esprits de ses ancêtres. Il goûte en leur présence une joie sainte et douloureuse, une joie toujours nouvelle. Le front incliné sur le sol glacé, sur l'herbe touffue qu'agite le souffle des vents, il s'écrie : « Et moi aussi le voyageur viendra me chercher ; il viendra, celui qui m'a vu dans tout l'éclat de ma beauté ; il appellera le barde, l'illustre fils de Fingal. Étranger sensible et généreux, cesse d'inutiles poursuites. C'est en vain que tu me demandes à la terre des vivans ; car tu foules aux pieds ma tombe [1] ! »

---

[1] « Mon ami, je serois capable, en brave et fidèle
« écuyer, de tirer l'épée, de délivrer d'un seul coup mon
« prince des tourmens d'une lente et douloureuse agonie,
« et d'envoyer ensuite mon âme rejoindre, dans les sphères
« célestes, le demi-dieu délivré par mes mains. »

Le 19 octobre.

Ce vide, ce vide affreux de mon âme, comme il seroit tout d'un coup rempli, si je pouvois une fois, rien qu'une fois, la serrer dans mes bras !

Le 26 octobre.

Qu'est-ce, mon cher William, qu'une créature de plus ou de moins dans le monde ? rien, presque rien, je t'assure. Chaque jour m'en apporte une nouvelle et triste preuve.

J'étois chez Charlotte, lorsqu'une de ses amies vint la voir. Je passai dans la chambre voisine. Je pris un livre. Ne pouvant lire. J'essayai d'écrire. Cependant, je les entendois parler à voix basse. Elles causoient de choses et d'autres. Elles se racontoient les bruits de ville, les nouvelles de société, comme monsieur un tel partoit pour un long voyage, comme mademoiselle une telle se marioit, etc., etc.

« A propos, dit l'amie de Charlotte, savez-vous que Mme R*** se meurt de la poitrine? Elle a depuis longtemps une toux sèche. Les os lui percent la peau. Il lui prend à tout instant des foiblesses. Sa vie ne tient plus qu'à un fil. »

« M. M*** est aussi fort mal, ajouta Charlotte. »

« Oui, reprit l'autre, on le dit enflé de la tête aux pieds. »

Et ma vive imagination me transportoit auprès du lit de ces infortunés. J'entendois leurs gémissemens, j'étois témoin de leur lutte douloureuse contre les approches de la mort. O William, ces jeunes femmes, ces femmes légères, s'entretenoient de leur fin prochaine avec la même indifférence que s'il se fût agi de la mort d'un étranger.

Faisant ensuite un retour sur moi-même, considérant la chambre où j'étois, les ouvrages de Charlotte épars çà et là, les papiers d'Albert, et tout cet ameublement auquel mon œil est si bien accoutumé[1] : Tu vois, me dis-je en soupirant, tu vois tes relations intimes dans cette maison. Estimé, chéri de tes amis, tu contribues à leur bonheur, et il te semble que tu ne saurois exister sans eux. Eh bien! qu'un événement quelconque te force à les quitter, à disparoître de leur petit cercle, sentiront-ils, et combien de temps le vide qu'y laissera ton absence[2] ? O destinée fugitive de l'homme, qui ne trouve pas même dans le cœur de ceux qu'il a le plus aimés, un refuge contre l'oubli!

[1] « Jusqu'à l'écritoire même dont je me servois. »
[2] « Ah! l'homme est un être si passager, que là où il a
« proprement la certitude de son existence, là où il laisse
« la vraie impression de sa présence, que dans le souvenir,
« dans le cœur de ses amis, que là même aussi il doit s'effacer, disparoître, et cela si vite! »

Le 27 octobre.

J'ai l'âme navrée de douleur, le désespoir est prêt à s'emparer de moi[1], quand je songe au peu que nous pouvons les uns pour les autres. Non, l'amour, la joie, l'ardeur, la volupté qui ont fui de mon sein, il ne dépend de personne au monde de les y rappeler; et avec un cœur inondé de la félicité des cieux, je ne saurois rendre au bonheur cette créature infortunée qui languit et s'éteint devant moi[2] !

[1] « Souvent je me déchirerois le sein, je me ferois sauter la cervelle.... »

[2] Le 30 octobre.

« Cent fois j'ai été sur le point de lui sauter au cou.
« Quel supplice de voir tant de charmes passer et repasser
« sous ses yeux, et de n'oser y toucher ! Ce mouvement
« nous est pourtant si naturel ! les enfans ne touchent-ils
« pas à tout ce qu'ils voient ? Et moi ..... »

Le soir.

J'ai tant de ressources, et mon amour pour elle absorbe tout ! Il me reste tant d'espérances, et l'univers sans elle ne m'est rien !

Le 3 novembre.

Souvent je me couche avec le désir, avec l'espoir de ne plus me réveiller. Le jour renaît ; mes yeux se rouvrent à la lumière, et mon âme à la douleur[1] ! Encore si je pouvois attribuer mes maux à l'influence maligne des astres, à l'intervention d'un tiers, au mauvais succès de quelque entreprise, leur poids cruel ne pèseroit sur moi qu'à

---

[1] « Oh ! que ne suis-je hypocondriaque ! »

demi. Mais, hélas! je le sens trop, la faute en est à moi seul.... La faute! qu'ai-je dit? Quoi! ne suffit-il pas que je porte aujourd'hui dans mon sein le germe fatal de toutes les misères, comme j'y trouvois autrefois la source féconde de toutes les félicités? Je ne suis donc plus ce même Werther qui jadis, dans la plénitude du sentiment, s'enivroit à chaque pas des délices du paradis, et dont le cœur expansif et tendre eût échauffé l'univers du feu de son amour? Maintenant ce cœur est mort. Il n'en découle plus aucune affection douce. Mes yeux sont privés de la faculté de répandre des pleurs, et mes nerfs arides se contractent péniblement sur mon front. Je souffre beaucoup; car j'ai perdu cette force active et vivifiante, charme et soutien de mon existence. Je n'éprouve plus de ravissement en voyant le soleil levant paroître aux bornes de l'horizon, dissiper par degrés les vapeurs du matin, et répandre sur la prairie sa vive lumière. J'entends sans émotion le bruit mélancolique du fleuve qui promène en serpentant ses flots entre ses rives dépouillées. D'où vient que cette belle nature m'apparoît à présent froide et décolorée, telle qu'un pastel effacé ? D'où vient qu'elle n'excite plus en moi ni sentiment d'amour, ni transport d'admiration ? En présence de ses merveilles, devant la face auguste de son auteur, je suis semblable à un vase épuisé, à une fontaine tarie. Souvent, humblement prosterné, je demande à Dieu la faveur d'une larme, comme le laboureur implore de sa bonté une pluie bienfaisante, quand le ciel est d'airain et que la terre embrasée déchire son sein de toutes parts.

Mais, hélas ! je le sais, le ciel n'accorde ni son soleil, ni sa pluie à d'importunes prières. Ah ! pourquoi ces jours, dont le souvenir me poursuit sans cesse, couloient-ils pour moi d'un cours si paisible ? c'est qu'heureux et reconnoissant des bienfaits de la Providence, je jouissois en paix du présent, sans oser sonder l'avenir d'un regard téméraire.

Le 8 novembre.

¹ Quelquefois, cédant aux instances de mes compagnons, je me laisse aller à prolonger avec eux les plaisirs de la table. Elle m'a reproché mon intempérance; mais d'une manière si aimable! « Que cela ne vous arrive plus, m'a-t-elle dit. Pensez à Charlotte. »

« Que je pense à vous, me suis-je écrié! Faut-il me le recommander? Je pense.... Non, je ne pense pas.... Votre image n'est-elle pas toujours gravée dans mon cœur? Aujourd'hui, je me trouvois à la place où vous descendites hier de voiture; je cherchois sur le sable la trace de vos pas.... »

Elle se hâta de m'interrompre, et parla d'autre chose. Mon ami, je lui suis livré sans défense. Elle peut faire de moi tout ce qu'elle voudra.

¹ « Elle m'a reproché mes excès, ah! d'une manière si
« aimable! Mes excès! parce que d'un verre de vin je me
« laisse quelquefois aller jusqu'à boire une bouteille. »

14

Le 15 novembre.

Je te remercie, mon cher William, de ton tendre intérêt, de tes sages conseils ; mais, je t'en conjure, sois tranquille. Laisse-moi accomplir ma destinée. Au milieu de mes maux, il me reste assez de force pour en attendre la fin. J'honore la religion. Je sais qu'elle est l'appui du foible, la consolation de l'affligé. Cependant, ses bienfaits peuvent-ils, doivent-ils s'étendre à tous ? Parcours le vaste univers ; vois combien de milliers d'hommes, pour qui elle n'a jamais rien été, combien pour qui, prêchée ou non, elle ne sera jamais rien. Le fils de Dieu n'a-t-il pas dit que ceux-là seront avec lui, que son père lui a donnés ? Et si je ne lui ai pas été donné ? Si le père veut me garder pour lui, comme mon cœur me le dit ? Ah ! ne vois pas de dérision dans ces innocentes paroles ; elles partent du fond de mon âme. Si tu les interprétois mal, j'aimerois mieux n'avoir rien dit. Ce n'est pas ma coutume de raisonner sur des choses si fort au-dessus de notre intelligence.

Quel est en effet le sort de l'homme? de porter jusqu'au terme son fardeau, de boire le calice jusqu'à la lie. Et si ce calice a paru trop amer au Dieu du ciel lui-même, aurai-je l'orgueil de feindre que je le trouve agréable? Rougirai-je de frémir, dans le terrible instant où tout mon être frissonne d'horreur entre l'immortalité et le néant, où le passé luit comme un éclair sur le sombre abîme de l'avenir, où l'univers chancelle sous mes pas, et va bientôt disparoître avec moi? Foible créature, épuisée, défaillante, entraînée dans le précipice par une pente irrésistible, aurai-je honte de faire entendre ce cri douloureux : *Mon Dieu! mon Dieu! pourquoi m'avez-vous abandonné?* Celui qui replie les cieux comme un voile, ne l'a-t-il pas poussé lui-même?

Le 21 novembre.

Elle ne voit pas, elle ne sent pas qu'elle prépare un poison qui nous tuera tous deux; et moi, insensé! je vide avec transport la coupe fatale où elle me présente la mort. Que signifient ces tendres regards qu'elle laisse quelquefois [1] tomber sur moi? cette bienveillance avec laquelle elle accueille les témoignages d'une passion que je ne puis toujours maîtriser? cette pitié pour mes souffrances qui se peint dans tous ses traits?

Hier, quand je la quittai, elle me tendit la main. « Adieu, cher Werther, me dit-elle! » cher Werther! c'étoit la première fois qu'elle me donnoit ce doux nom. J'en tressaillis de joie. Je le répétai chemin faisant à chaque pas; et le soir, près de me coucher, parlant seul et tout haut, selon ma coutume, je me surpris à dire : « Bonne

[1] « Ces tendres regards qu'elle jette souvent sur moi. « Souvent? non pas souvent, mais quelquefois pourtant. »

nuit, cher Werther! » J'eus honte de ma folie, et il me fallut en rire malgré moi [1].

Le 24 novembre.

Elle sait ce que je souffre. Aujourd'hui un de ses regards a pénétré jusqu'au fond de mon âme. Je la trouvai seule. Je gardois le silence. Elle attacha sur moi des yeux pleins de langueur. Quel effet magique! Aussitôt je ne distinguai plus rien, ni l'éclat de sa beauté, ni sa physionomie si noble, si touchante. Je ne vis, je ne sentis que ce regard qui exprimoit tant de compassion et de tendresse. Oh! que n'osai-je me jeter à

---

[1] *Le 22 novembre.*

« Je ne puis faire à Dieu cette prière : *Laisse-la-moi!*
« Et pourtant il y a des momens où il me semble qu'elle
« m'appartient. Je ne puis non plus lui dire : *Donne-la-*
« *moi!* puisqu'elle est à un autre. Ainsi je me joue avec
« ma douleur. Si je ne me retenois, je ferois ici toute
« une litanie d'antithèses. »

ses pieds, la saisir dans mes bras et lui ravir mille baisers! Elle eut recours à son clavecin, et chanta en s'accompagnant une romance mélancolique. Jamais ses lèvres ne m'avoient paru si charmantes. On eût dit qu'altérées d'harmonie, elles s'ouvroient pour recueillir les sons qu'exhaloit l'instrument, et que sa voix harmonieuse n'en étoit que l'écho. Que te dirai-je enfin? trop foible contre une séduction si puissante, je détournai la tête, et couvrant mon visage de mes mains, je jurai tout bas de ne jamais profaner par un baiser ces lèvres pures et sacrées, sur qui voltigent les esprits célestes. Serment fatal, je te serai fidèle!....
Et pourtant cette félicité suprême, objet de tous mes vœux, si je pouvois la goûter une fois, rien qu'une fois, puis, mourir après pour expier mon crime!.... Mon crime, ai-je dit!

Le 26 novembre.

Sous quel astre ennemi suis-je donc né ? Est-il un mortel sur la terre dont je ne doive envier le sort ? Quand j'ouvre certain poëte de l'antiquité, je crois y lire ma propre histoire. Que n'ai-je pas à souffrir ! Quoi, se peut-il qu'il ait existé autrefois des hommes aussi malheureux que moi !

Le 30 novembre.

Jamais, non, jamais je ne pourrai vaincre ma destinée. En quelque lieu que je porte mes pas, une scène pénible afflige mes regards, une effrayante apparition jette le trouble dans mes sens. Encore aujourd'hui, ô douleur ! ô humanité !

Ne me sentant point d'appétit, je sortis vers l'heure de midi. Je suivis la rive du fleuve. La campagne étoit déserte. Il souffloit de la montagne un vent froid et humide, et des nuages pluvieux s'amonceloient sur le vallon. J'aperçus de loin un homme vêtu d'un méchant habit vert, qui marchoit courbé entre les rochers, et paroissoit chercher des simples. Je m'avançai vers lui. Au bruit de mes pas il se retourna et me laissa voir une physionomie intéressante, empreinte d'une profonde mélancolie, mais sans aucune trace d'égarement. Ses cheveux noirs et bouclés flottoient en désordre sur ses épaules [1]. Ses vêtemens annonçoient un homme du commun. Je crus qu'il ne s'offenseroit pas de ma curiosité, et je lui demandai ce qu'il cherchoit.

« Je cherche, me répondit-il avec un sou-

---

[1] « Ses cheveux noirs partagés en deux boucles sur son « front, étoient attachés avec des épingles. Ceux de derrière formoient une forte tresse qui lui pendoit le long « du dos. »

pir, je cherche des fleurs, et je n'en trouve point.

— Mais, mon ami, lui dis-je, ce n'est pas la saison.

— Oh! il y a des fleurs de toutes les saisons, me dit-il en s'approchant de moi. J'ai dans mon jardin des roses et du chèvrefeuille de deux espèces. Mon père m'en a donné une qui croît partout comme du chiendent. Voilà deux jours que j'en cherche et je n'en trouve point. Ici même, il y a toujours quantité de fleurs, des rouges, des jaunes, des bleues, et aussi de jolies petites centaurées. Cependant, je n'en puis trouver aucune. »

Commençant à soupçonner quelque désordre dans son esprit, j'usai de ménagement et lui demandai ce qu'il comptoit faire de ces fleurs.

Un rire étrange et convulsif décomposa soudain ses traits.

« Ne me trahissez pas, dit-il, en posant un doigt sur sa bouche, j'ai promis un bouquet à ma maîtresse.

— C'est fort bien fait.

— Oh! elle ne manque de rien; elle est si riche!

— Et elle n'en attache pas moins de prix à vos bouquets?

— Elle a des trésors et une couronne!

— Comment se nomme-t-elle?

— Si l'empereur me payoit ce qui m'est dû, mon sort seroit bien différent. Il fut un temps où j'étois heureux; maintenant.... »

Un regard douloureux qu'il adressa au ciel acheva sa pensée.

« Vous avez donc été heureux autrefois, mon ami?

— Oh! oui; que ne le suis-je encore de même! Alors, j'étois gai, vif et content comme le poisson dans l'eau.

— Henri! Henri! cria de loin une vieille femme qui accouroit vers nous. Que fais-tu là? je te cherche partout. Voici l'heure du dîner.

— C'est sans doute votre fils? lui dis-je quand elle fut près de nous.

— Oui, monsieur, c'est mon pauvre fils. Dieu m'a imposé, monsieur, une bien lourde croix.

— Y a-t-il longtemps qu'il est dans cet état ?

— Il y a environ six mois qu'il jouit d'un peu de calme, et j'en rends grâces au ciel : car il a passé une année entière enchaîné à l'hôpital des fous. A présent, il ne fait de mal à personne ; mais il ne rêve que de rois, d'empereurs. C'étoit un bon et honnête jeune homme, de mœurs douces. Il avoit la plus belle main du monde, et m'aidoit à subsister par son travail. Tout à coup il tomba dans une sombre mélancolie, puis il fut pris d'une fièvre chaude, puis il devint furieux. Vous voyez en quel état il est aujourd'hui. O mon cher monsieur, si je vous racontois.... »

J'interrompis le babil de cette femme pour lui demander quel étoit le temps où son fils disoit avoir été si heureux.

« Le pauvre insensé ! s'écria-t-elle avec un sourire de compassion, c'est celui où il étoit privé de raison et enfermé à l'hôpital des fous. Oui, c'est là le temps qu'il vante et regrette sans cesse ! »

Ces mots me frappèrent comme un coup

de foudre. Je mis une pièce d'argent dans la main de cette femme, et je m'éloignai précipitamment.

Alors tu étois heureux, m'écriai-je en regagnant la ville à grands pas! alors tu étois gai, vif et content comme le poisson dans l'eau! Dieu du ciel, as-tu donc voulu que l'homme ne fût heureux qu'avant l'usage de la raison, ou qu'après l'avoir perdue? Infortuné!... Et pourtant, combien je porte envie au désordre de tes sens, à la mélancolie profonde qui consume tes jours! Tu sors, plein d'espoir, pour cueillir un bouquet à ta maîtresse.... au fort de l'hiver....' Tu t'affliges de ne point trouver de fleurs et tu n'en devines pas la cause! Et moi j'erre sans but, sans espérance. Je rentre chez moi, aussi à plaindre que j'en suis sorti. Si l'empereur te payoit ce qui t'est dû, ton sort, dis-tu, seroit bien différent. Heureuse créature, de pouvoir imputer à un obstacle humain le bonheur qui te manque! Tu ne sens pas, tu ne sens pas que tout ton mal gît dans ton cœur blessé, dans ton cerveau délirant, et qu'il n'est en la puissance d'aucun monarque sur la terre de te guérir!

Périsse sans consolation, sans secours, l'être dur et barbare qui se rit de la crédulité du malade courant à des eaux lointaines, au risque d'aggraver ses souffrances et de rendre sa fin plus douloureuse! Périsse le froid sceptique, dont l'orgueil insulte à la foi de l'humble pèlerin, qui pour apaiser le cri de sa conscience et rappeler le calme dans son âme agitée, entreprend de visiter les saints lieux! Chaque pas qu'il fait péniblement dans des sentiers rudes et infréquentés, est une goutte de baume versée sur ses blessures. Le poids cruel qui l'oppresse s'allége à la fin de chaque journée du voyage. Et vous osez nommer superstition cette pieuse et touchante croyance, détestables sophistes, apôtres insensés du libertinage et de l'athéisme! Superstition! Mon Dieu, tu vois mes larmes. L'homme n'étoit-il pas déjà assez malheureux? Falloit-il encore lui donner, dans ta colère, des frères indignes de ce nom, qui se plussent à lui ravir son plus solide bien, sa confiance en ta bonté paternelle? Car l'espoir que nous attachons aux propriétés d'une fleur, d'une plante, d'une source, qu'est-ce autre chose que la confiance en ta divine providence, qui a placé partout autour de nous les préservatifs et les remèdes dont nous avons besoin à toute heure? O mon père, que je ne connois pas, mon père qui remplissois jadis mon âme, et qui maintenant détournes de moi ta face, rappelle-moi à toi. Que ta voix ne tarde plus à se faire entendre. Ton silence n'arrêtera point ce cœur impatient de s'élancer vers toi. Quel homme, quel père pourroit se mettre en courroux, lorsque son fils qu'il n'attend pas, se précipite dans ses bras et lui crie : « Me voici de retour, mon père. Ne sois point irrité contre moi, si j'ai abrégé l'exil que m'imposoit ta rigueur. Le monde est partout le même, partout peine et plaisir, récompense et punition; mais que me fait ce monde? je ne suis bien que là où tu es, et c'est en ta présence que je veux désormais souffrir, ou être heureux. Père céleste, père des humains, repousserois-tu la prière suppliante d'un tel fils¹ ! »

Le 1er décembre.

William, l'homme dont je te parlois hier, cet heureux infortuné, étoit secrétaire chez le père de Charlotte. Une passion violente qu'il conçut pour sa fille, qu'il nourrit longtemps en secret et se hasarda enfin à déclarer, lui fit perdre sa place, et bientôt après la raison. Juge par ce peu de mots de l'impression qu'a dû faire sur moi son histoire, qu'Albert m'a racontée avec autant d'indifférence que tu la liras peut-être.

¹ Deux ou trois lettres comme celle-ci suffiroient pour faire vivre un ouvrage ; et combien d'autres non moins éloquentes, non moins pathétiques dans Werther !
(Note du traducteur.)

Le 4 décembre.

Épargne-toi des efforts superflus.... C'en est fait, je ne puis endurer plus longtems mon martyre. Aujourd'hui j'étois assis auprès d'elle. Sa main légère et brillante exécutoit sur le clavecin de délicieuses variations. Pendant ce temps, sa petite sœur, debout entre mes genoux, jouoit avec sa poupée. Des pleurs rouloient dans mes yeux. Je me baissai pour les cacher, son anneau nuptial frappa ma vue. Mes larmes coulèrent en abondance. Tout à coup elle s'interrompit et commença son ancien air, cet air plein d'une céleste harmonie qui faisoit jadis mes délices. Je me rappelai le temps où je l'entendis pour la première fois, et un sentiment de joie pénétra dans mon âme... Il fit bientôt place aux souvenirs amers du passé, de ces jours de tristesse et de deuil qui s'étoient écoulés depuis, du long enchaînement de mes malheurs, de la perte de toutes mes espérances. La poitrine oppressée, respirant à peine, je me levai, je parcourus la chambre à grands pas; puis, m'approchant d'elle brusquement : « Au nom de Dieu, finissez! » m'écriai-je.

Elle cessa de jouer et me regarda fixement : « Werther, me dit-elle avec un sourire qui me perça le cœur, Werther, vous êtes malade, bien malade. Vos mets favoris vous répugnent. Allez, calmez-vous, je vous en conjure! »

Je m'arrachai d'auprès d'elle. Dieu du ciel! tu vois mes souffrances. Quand daigneras-tu y mettre un terme?

Le 6 décembre.

Comme son image me poursuit! Veillant, en songe, la nuit, le jour, elle remplit mon âme tout entière[1]. Je vois sans cesse ses

[1] Là, quand je ferme les yeux, là dans mon front où se « concentrent les rayons visuels, sont gravés ses yeux

yeux noirs. Leur empreinte est gravée dans mon cerveau, dans ce centre mystérieux de nos pensées, de nos sensations.

Oh! qu'est-ce que l'homme, ce héros si vanté, ce demi-dieu sur la terre? Ses forces ne lui manquent-elles pas précisément lorsqu'il en a le plus de besoin? Que la prospérité l'élève, que le malheur l'accable, toujours également esclave, au moment où il aspire à prendre l'essor, ne se sent-il pas arrêté par le poids douloureux de ses chaînes?

« noirs, là,..... Je ne puis t'exprimer cela. Pendant mon
« sommeil, ils sont là comme un abîme. Ils reposent de-
« vant moi, en moi. Ils remplissent les cavités de mon
« cerveau. »

TROISIÈME PARTIE

L'ÉDITEUR AU LECTEUR.

Ici commence la dernière, la plus mémorable époque de la vie du jeune Werther. Combien nous regrettons d'être forcé de remplir désormais par un récit, les nombreuses lacunes qui se trouvent dans sa correspondance!

Nous n'avons rien négligé pour nous procurer des renseignemens exacts, de la bouche même des personnes qui pouvoient être le mieux instruites de son histoire. Leurs relations sont simples, uniformes. Elles s'accordent jusque dans les moindres circonstances. Nous n'avons trouvé les opinions partagées que sur les sentimens intimes des personnages en action.

Notre tâche se borne donc à rapporter fidèlement les faits que nous avons recueillis dans nos laborieuses recherches. Nous y joindrons le peu de lettres laissées par notre ami. Nous n'omettrons aucun billet tracé de sa main. Tous les détails ont de l'intérêt, et la moindre lumière est précieuse, lorsqu'il s'agit de juger et de peindre les actions des hommes que leur esprit élève au-dessus du vulgaire.

LES SOUFFRANCES

DU JEUNE WERTHER.

Le chagrin, le dégoût de la vie avoient jeté des racines de plus en plus profondes dans l'âme de Werther, et miné peu à peu ses facultés physiques et morales. L'harmonie de son caractère une fois troublée, ne put se rétablir. Un feu sombre, une activité funeste, le dévoroient intérieurement. Ses forces s'usoient dans de continuels et douloureux combats : de là ces affections si contraires, si bizarres que l'on observoit en lui ; et cet état d'accablement d'autant plus difficile à vaincre, qu'il avoit lutté jusque-là contre tous les genres de maux. Ce qui lui restoit de vivacité dans l'esprit acheva de s'éteindre. Il devint d'une société triste et fâcheuse, toujours plus injuste à mesure qu'il étoit plus malheureux. C'est là, du moins, le dire des amis d'Albert. Werther, s'il faut les en croire, dissipant, comme l'enfant prodigue, les biens et les espérances de la vie, sans rien mettre en réserve pour les jours de la nécessité, étoit incapable d'apprécier la conduite d'un homme doux et sage qui, possesseur d'un trésor longtemps souhaité, bornoit ses vœux à en conserver la paisible jouissance. Albert, ajoutent-ils, n'avoit pas changé en si peu de temps. Il conservoit les mêmes titres à l'estime, à l'amitié que Werther lui témoignoit au commencement de leur liaison. Idolâtre de Charlotte, l'orgueil s'unissoit dans son cœur à l'amour qu'il sentoit pour elle. Il auroit voulu que l'univers entier rendît hommage à la supériorité de son mérite. Faut-il le blâmer s'il désiroit écarter de l'objet de son culte jusqu'à l'ombre du soupçon, et s'il répugnoit à l'idée de partager avec un autre, de la manière même la plus innocente, la confiance et l'affection d'une épouse adorée? Les amis d'Albert conviennent qu'il quittoit souvent l'appartement de sa femme, lorsque Werther étoit chez elle ; non pas, assurent-ils, par un sentiment d'éloignement ou de haine pour lui, mais uniquement parce qu'il avoit cru s'apercevoir que sa présence le mettoit mal à l'aise.

Sur ces entrefaites le vieux bailli, qu'une légère indisposition obligeoit de garder la chambre, fit demander sa fille, et lui envoya son carrosse. Elle partit aussitôt. Il faisoit une belle journée d'hiver. La terre étoit couverte d'une neige épaisse, la première qui fût tombée de l'année.

Le lendemain, Werther se rendit à pied chez le bailli, dans l'intention de ramener Charlotte si Albert ne venoit pas la reprendre.

La sérénité du ciel, le calme de la nature, ne purent éclaircir les soucis qui obscurcissoient son front. Un poids cruel pesoit sur son cœur. De noirs fantômes assiégeoient son imagination, et le seul exercice de sa pensée étoit d'errer sans cesse dans un labyrinthe de maux.

Le mécontentement où il vivoit de lui-même lui persuadoit aisément que la situation de ses amis ne devoit pas être beaucoup plus heureuse que la sienne. Il craignoit d'avoir troublé l'union d'Albert et de Charlotte. Il s'en faisoit des reproches, auxquels se mêloit une secrète animosité contre l'époux.

« Voilà donc, murmuroit-il en chemin avec une fureur concentrée, voilà donc cet amour si vif, si tendre, si passionné dont il prétendoit brûler pour elle! Voilà cette fidélité, cette constance qu'il disoit inébranlables! Déjà l'indifférence, la satiété en ont pris la place. Ne préfère-t-il pas la plus misérable affaire à la société de cette femme adorable? Lui rend-il la justice qui lui est due? Sent-il le prix de sa possession? Qu'importe? il est son maître, son époux! Je le sais. Fatale pensée! Je croyois en avoir épuisé l'amertume. Elle excite en mon sein de nouveaux orages. Elle me donnera la mort. Et l'amitié d'Albert est-elle plus à l'épreuve que son amour? Ne regarde-t-il pas mon attachement pour Charlotte comme une atteinte à ses droits? les soins que je lui rends comme une censure indirecte de sa négligence? Ah! je le vois, je le vois trop, il me supporte avec peine; il souhaite mon éloignement; ma présence lui est à charge. »

En se parlant ainsi, tantôt il ralentissoit sa marche, tantôt il s'arrêtoit, incertain s'il ne retourneroit pas en arrière. Enfin, avançant toujours, il parvint sans y songer, et presque malgré lui, au pavillon de chasse du bailli.

Il remarqua en entrant une certaine agitation parmi les gens de la maison. L'aîné des enfans lui apprit qu'il étoit arrivé un grand malheur à Walheim; qu'un jeune paysan y avoit été assassiné. Cette nouvelle ne sembla faire sur lui aucune impression. Il demanda le vieillard et Charlotte. Celle-ci s'efforçoit de retenir son père qui vouloit, malgré sa foiblesse, se transporter sur le théâtre du crime. Le meurtrier n'étoit pas encore connu. On n'avoit que de vagues soupçons. La victime, trouvée sans vie le matin, devant la porte de la ferme, étoit un valet de charrue au service d'une veuve qui avoit renvoyé depuis peu son ancien domestique, sorti mécontent de chez elle.

A ces détails, Werther se lève brusquement. « Est-il possible ? s'écrie-t-il. Il faut que j'y coure. Il n'y a pas un moment à perdre; » et il vole à Walheim. Une foule de souvenirs se réveillent dans son esprit; il ne doute point que le meurtrier ne soit ce jeune infortuné auquel il a parlé plusieurs fois, et qu'il a pris dans une si vive affection.

Il falloit passer sous les tilleuls, pour arriver au lieu où le corps étoit déposé. Werther tressaillit en traversant cette place, autrefois ses délices. Le gazon sur lequel les enfans du voisinage se réunissoient pour leurs jeux, étoit arrosé de sang. Les plus doux sentiments de l'humanité, la tendresse et l'amour, s'étoient changés subitement en fureur et en crime. Le deuil de la nature ajoutoit encore à sa tristesse. La haie vive recourbée en voûte par-dessus le petit mur du cimetière, les grands arbres qui l'avoient reçu si souvent sous leur ombrage, nus maintenant et blanchis par les frimas, laissoient voir entre leurs branches dépouillées des tombeaux couverts de neige.

Comme il approchoit de l'auberge devant

laquelle tout le village étoit rassemblé, une sourde rumeur se fit entendre, et l'on aperçut à quelque distance un détachement d'hommes armés qui escortoient un paysan chargé de chaînes. « Voici l'assassin! » cria-t-on de toutes parts. » Werther jette les yeux sur le prisonnier. Plus d'incertitude ; oui, c'est bien ce jeune valet de ferme si amoureux de sa maîtresse, c'est ce pauvre insensé qu'il a rencontré naguère errant dans la campagne, livré à une douleur muette et à un profond désespoir.

« Qu'as-tu fait, malheureux! s'écrie-t-il en s'élançant vers lui. »

Le prisonnier le regarda fixement, se tut, puis d'un ton calme : « *Personne ne l'aura!* dit-il. *Elle n'aura personne!* »

On le fit entrer dans l'auberge, et Werther s'éloigna précipitamment.

Cette soudaine et terrible secousse ébranla toutes les facultés de son âme. Elle le tira en un instant de sa langueur, de son abattement, de sa sombre apathie. Les sources de sa sensibilité se rouvrirent, et le désir de sauver cet homme devint en lui une passion. Il le trouvoit si malheureux, si innocent même, malgré son crime ; il se pénétroit si bien de sa situation, qu'il se flattoit d'exciter sans peine dans le cœur des autres une compassion égale à la sienne. Déjà il auroit voulu être au moment de prendre pour lui la parole ; déjà il composoit le plaidoyer le plus pathétique. Les mots se pressoient sur ses lèvres ; et dans sa course rapide il ne pouvoit s'empêcher de répéter à haute voix tout ce qu'il diroit au bailli.

Il trouva Albert près de lui. Cette rencontre imprévue le déconcerta d'abord ; mais bientôt, se remettant de son trouble, il plaida avec feu la cause de son client. Le bailli secoua plusieurs fois la tête en signe d'improbation ; et quoique Werther, animé par une conviction profonde, n'omît rien de ce qu'il est possible à un homme d'imaginer pour la justification de son semblable, le juge, comme on le pense bien, demeura inflexible. Il ne lui permit pas même d'achever ; et, l'interrompant au milieu de son discours, il le blâma sévèrement d'oser embrasser la défense d'un assassin. Il lui représenta que sa démarche imprudente n'alloit à rien moins qu'à paralyser l'action salutaire des lois, et à compromettre le salut de l'État aussi bien que la sûreté individuelle. Enfin il déclara que, dans une affaire de cette conséquence, il ne pouvoit rien prendre sur lui, sans s'exposer à la plus grave responsabilité, et que son devoir l'obligeoit de laisser à la justice son plein et libre cours.

Werther ne se rendit pas encore; il conjura le bailli de prêter du moins les mains à l'évasion du prisonnier. Cette grâce lui fut aussi refusée. Albert, qui avoit gardé jusque-là le silence, s'étant alors rangé de l'avis du bailli, Werther convaincu de l'inutilité de ses instances, se retira pénétré de douleur, après que l'austère vieillard lui eut répété plusieurs fois : « Il n'y a pas moyen de sauver cet homme. »

On peut juger par le billet suivant, qu'il écrivit sans doute le même jour, de la cruelle impression que ces paroles firent sur lui :

« Il n'y a pas moyen de te sauver, malheureux ! Je le vois bien, il n'y a pas moyen de nous sauver. »

Le peu de mots prononcés par Albert en présence du bailli, dans l'affaire du prisonnier, affectèrent sensiblement Werther, qui crut y reconnoître un dessein secret de le désobliger ; et quoiqu'en y réfléchissant mieux, il ne se dissimulât point que ces deux hommes pouvoient avoir raison, il eût renoncé à sa propre existence plutôt que d'en convenir.

Le fragment suivant, trouvé dans ses papiers, a sans doute rapport à cette circonstance et peut donner la mesure de ses sentimens pour Albert.

« A quoi sert de me dire, de me répéter : Cet homme est bon, généreux ? C'est précisément là ce qui me désespère. Je ne saurois être juste à son égard. »

Sur le soir le froid s'étant adouci, et le

vent tournant au dégel, Charlotte revint à pied avec son mari. Pendant le chemin ses regards inquiets se portèrent sans cesse de côté et d'autre, comme s'ils eussent cherché quelqu'un dont l'absence affligeoit son cœur. Albert devinant la cause de son trouble, fit tomber la conversation sur Werther. Il le blâma, tout en rendant justice à ses nobles qualités. Touchant ensuite légèrement le sujet de sa malheureuse passion, il témoigna le désir qu'on pût l'engager à voyager. « Je le voudrois pour lui ; je le voudrois aussi pour nous, dit-il à sa femme ; et je vous en prie, ajouta-t-il, imaginez quelque moyen de donner à ses idées une autre direction, d'éloigner ses visites trop fréquentes. Le public curieux et malin a les yeux ouverts sur nous, et déjà je sais qu'on a tenu des propos en divers lieux. » Charlotte ne répondit rien. Albert parut comprendre son silence. Au moins, depuis ce temps, jamais le nom de Werther ne sortit de sa bouche, et s'il arrivoit par hasard qu'elle le prononçât devant lui, il se taisoit ou changeoit de discours.

La tentative infructueuse de notre ami pour sauver le jeune prisonnier, fut la dernière lueur d'une flamme prête à s'éteindre. Il n'en retomba bientôt que plus avant dans sa funeste apathie ; mais il faillit perdre la raison en apprenant qu'on le forceroit peut-être à déposer contre cet homme qui, rétractant ses premiers aveux, se renfermoit dans une complète dénégation.

Tous les désagrémens qu'il avoit essuyés durant le cours de sa bouillante jeunesse, l'affront récent imprimé sur son front à l'ambassade de ***, mille fâcheux mécomptes, mille peines cuisantes, revenoient péniblement se retracer à sa mémoire. Après tant et de si cruelles traverses, le besoin de repos lui sembloit une excuse suffisante de son actuelle inertie. Il n'envisageoit dans l'avenir aucune perspective consolante ; il se sentoit frappé d'une douloureuse impuissance, incapable de vaquer même aux affaires les plus communes de la vie. Ainsi tourmenté par son ardente sensibilité, par ses idées bizarres, en proie à une passion indomptable, condamné à l'éternelle uniformité d'un stérile commerce avec la femme charmante, adorée, dont il troubloit le repos, consumant sa vie dans une lutte sans but et sans terme, chaque jour il s'acheminoit pas à pas vers une tragique catastrophe.

Quelques lettres qui nous restent de lui et que nous allons transcrire, offrent une peinture énergique de ses combats, de ses tourmens, de son désespoir.

« Le 12 décembre.

« Cher William, l'état où je suis doit ressembler à celui de ces infortunés que l'on croyoit possédés du malin esprit. Souvent j'éprouve d'étranges, de fougueux transports. Ce n'est point angoisse, désir.... c'est une rage interne, furieuse, inconnue. Mon cœur est prêt à se briser, ma gorge se serre, je suffoque. Malheur, alors, ô malheur à moi! Il faut que je sorte, que j'erre seul au milieu de la nuit et des scènes terribles qui caractérisent cette saison ennemie des hommes.

« Hier au soir, je fus pris d'un accès. Le dégel étoit venu subitement, le fleuve, les ruisseaux avoient franchi leurs rives, et inondé depuis Walheim, mon vallon chéri. J'y courus vers minuit. Quel spectacle de désolation ! Du haut d'un rocher, je voyois, à la pâle clarté de la lune, l'onde turbulente engloutir les prés, les champs, les bois. La campagne, autour de moi, n'étoit qu'une vaste mer, bouleversée par les vents en furie.

« Mais quand l'astre des nuits, se dégageant des sombres nuages qui voiloient son disque, vint éclairer ce désordre effrayant de la nature, et briller sur ces vagues blanchissantes et tumultueuses, un frisson me saisit, puis une horrible pensée traversa mon esprit. Debout, au bord de l'abîme, les bras étendus, je respirois la mort. Je brûlois de me précipiter, de terminer au fond des eaux ma vie et mes tourmens....

Malheureux! eh quoi, tu ne pus détacher ton pied de la terre? Mon heure, je le sens, ah, mon heure n'est pas encore arrivée! William, que j'aurois brisé de bon cœur cette misérable enveloppe, pour voler, libre d'entraves, avec les ouragans, déchirer les nues avec la tempête, et rouler parmi les flots mugissans [1].

« A cette agitation terrible succéda une profonde mélancolie. Je cherchai des yeux le saule au pied duquel je m'étois reposé un soir d'été avec Charlotte, au retour d'une longue promenade. Il avoit disparu. A peine si j'en pus reconnoître la place. Hélas! me dis-je, les alentours de sa maison, son verger, notre berceau, tout est aussi devenu la proie des eaux! Et un rayon doré du passé brilla un moment à ma vue, comme apparoît en songe au pauvre prisonnier une fraîche et libre campagne, couverte de troupeaux bondissans.

« William, j'ai résisté cette fois à l'aveugle ardeur qui m'entraînoit; mais je n'en

---

[1] « Eh qui sait si ces délices ne seront pas un jour le « partage de l'homme délivré de sa prison? »

rougis point; car j'aurai, quand il en sera temps, la force de mourir[1]! »

« Le 14 décembre.

« Qu'est-ce donc, mon ami ? Je suis effrayé de moi-même. Mon amour pour elle n'est-il pas l'amour le plus pur, le plus saint, le plus fraternel? Jamais coupable désir s'éleva-t-il dans mon sein?.... Je ne voudrois pourtant pas jurer.... et maintenant des songes ! Oh, qu'ils ont raison ceux qui attribuent à une puissance surnaturelle des effets si contradictoires ! Cette nuit.... je tremble de le dire, cette nuit, je la tenois dans mes bras, étroitement pressée

---

[1] « Et me voici en attendant, tel qu'une vieille femme « qui ramasse un peu de bois sec le long des haies, et s'en « va mendier son pain de porte en porte, pour adoucir, « pour prolonger d'une minute sa triste et caduque exis- « tence. »

contre mon cœur. Je couvrois de mille brûlans baisers ses lèvres de rose, d'où s'échappoit un doux murmure d'amour. Mes yeux puisoient dans ses yeux l'ivresse de la volupté, mon âme se fondoit dans son âme. Ciel! ô ciel! est-ce donc un crime de trouver encore tant de charmes au souvenir de ces ravissans transports? Charlotte! Charlotte! c'est fait de moi. Mes sens se troublent, ma mémoire se perd, mes pleurs ne cessent de couler. Je ne suis bien nulle part. Cependant, je ne souhaite rien, je ne demande rien. Ah! je ferois bien mieux de partir! »

Ce fut vers cette époque, en de telles conjonctures, que la résolution de quitter la vie s'affermit de plus en plus dans l'âme de Werther. Depuis son retour auprès de Charlotte, il ne nourrissoit plus d'autre désir, d'autre espoir; mais il vouloit ne rien précipiter. Il sentoit que cette grande action devoit être, autant que possible, le résultat d'une ferme conviction, et d'un tranquille courage.

On jugera de ses doutes, de sa perplexité, de ses combats avec lui-même, par ce petit billet sans date, qui étoit vraisemblablement le commencement d'une lettre à son ami.

« Sa présence, sa destinée, l'intérêt qu'elle prend à mon sort, font encore couler quelques larmes de mon cerveau desséché.

« Lever le rideau et passer derrière, voilà tout! Pourquoi hésiter? pourquoi frémir? Est-ce parce que nous ignorons ce qu'il y a de l'autre côté? parce que personne n'en revient, et que l'esprit humain s'imagine toujours voir la confusion et les ténèbres, là où il ne voit rien de certain? »

Enfin, il parvint à se familiariser avec ces redoutables images, et la lettre suivante dont le double sens est facile à pénétrer, ne laisse nul doute qu'il n'arrêtât son dessein d'une manière irrévocable.

« Le 20 décembre.

« Je rends grâce à ton amitié, cher William, d'avoir si bien interprété ma pensée. Oui, tu as raison, je ferois mieux de partir. Je ne puis toutefois me décider à retourner encore près de vous, comme tu m'y engages. Je veux profiter de la beauté du temps et des chemins pour faire auparavant une petite excursion. Je te remercie de ton offre obligeante de venir me prendre. Attends seulement quinze jours; tu recevras de moi, dans l'intervalle, une lettre qui t'instruira de mes derniers arrangemens. Il ne faut pas cueillir le fruit avant qu'il soit mûr, et quinze jours de plus ou de moins font beaucoup. Dis à ma mère de prier pour moi, de me pardonner tous les chagrins que je lui ai causés dans le cours de ma vie. Hélas ! j'étois né pour le malheur de ceux que j'aurois dû rendre heureux ! Adieu, le plus cher de mes amis ! Puisse le ciel te combler de ses bénédictions ! Adieu ! »

―――

Comment exprimer ce qui se passoit dans l'âme de Charlotte ? Comment peindre les tourmens de sa position entre Albert et son malheureux ami ? La connoissance que nous avons de son caractère peut nous aider à en deviner une partie ; mais le cœur sensible et délicat d'une femme est seul capable d'en mesurer l'étendue.

Charlotte, au reste, étoit fermement décidée à tout faire pour éloigner Werther ; et si elle hésitoit encore, c'étoit par un ménagement de sa tendre amitié. Elle savoit combien ce sacrifice coûteroit à l'infortuné. Elle doutoit même qu'il eût la force de l'accomplir jamais. Cependant, elle sentoit la nécessité d'agir sans plus de retard. Albert gardoit, à son exemple, un silence absolu sur le sujet de leur mutuelle préoccupation; et elle s'en croyoit d'autant plus obligée à lui prouver par sa conduite qu'elle étoit digne de lui.

Le jour même où Werther écrivit à son ami la dernière lettre que nous venons de rapporter (c'étoit le dimanche avant Noël), il fit le soir une visite à Charlotte. Il la trouva seule. Elle s'occupoit à ranger des joujoux qu'elle destinoit à ses frères et sœurs pour leurs présens de Noël[1]. Il lui parla du plaisir qu'auroient les enfans, et reporta tristement sa pensée sur l'heureux âge où l'ouverture de l'armoire et l'apparition magique de l'arbre orné de bougies, de pommes et de bonbons, excite une surprise mêlée de joie.

« Eh bien, dit Charlotte en cachant son embarras sous un aimable sourire, vous aurez aussi vos étrennes, si vous voulez être

---

[1] On a coutume, en Allemagne, de donner les étrennes la veille de Noël.

(*Note du traducteur.*)

sage, une petite bougie enjolivée et quelque autre chose encore.

— Qu'appelez-vous être sage? chère Charlotte, dites-moi, comment faut-il que je sois?

— C'est jeudi au soir la veille de Noël. Mon père et les enfans viendront. Chacun aura son présent. Venez aussi; mais pas plus tôt. »

Werther parut interdit.

« Je vous le demande, continua-t-elle, il le faut. Je vous le demande au nom de mon repos, s'il vous est cher. Les choses ne peuvent pas rester ainsi. »

Il détourna les yeux, parcourut la chambre à grands pas, répétant d'une voix altérée : *Les choses ne peuvent pas rester ainsi.*

Charlotte effrayée de l'état violent où ces mots l'avoient jeté, essaya mais en vain, par diverses questions, d'en détourner sa pensée.

« Non, Charlotte, s'écria-t-il, non, je ne vous verrai plus!

— Que dites-vous, Werther, reprit-elle?

Nous pouvons, nous devons nous revoir. Oh! pourquoi êtes-vous né avec ce caractère ardent, impétueux, avec cette âme passionnée qui s'attache invinciblement à tout ce qu'elle a une fois embrassé! Je vous en conjure, continua-t-elle en le prenant par la main, revenez à vous. Votre esprit, vos connoissances, vos talens, vous offrent tant de ressources agréables! Soyez homme, triomphez d'un fatal penchant pour une femme qui ne peut que vous plaindre. »

Il se mordit les lèvres et fronça le sourcil.

Elle retint sa main. « De grâce Werther, un moment de calme et de réflexion. Ne voyez-vous pas que vous vous trompez, que vous courez volontairement à votre perte? Pourquoi vous adresser à moi, précisément à moi qui suis la femme d'un autre? Mais je crains bien que l'impossibilité même du succès ne soit ce qui irrite et enflamme le plus votre passion. »

Il retira sa main de la sienne, et, jetant sur elle un regard farouche. « A merveille! s'écria-t-il, à merveille! Cette remarque vient sans doute d'Albert. Elle est profonde, très-profonde !

— Elle est à la portée de tout le monde, répondit-elle avec douceur. Quoi ! n'existe-t-il dans l'univers aucune femme capable de remplir les vœux de votre cœur? Ayez le courage de faire une recherche sérieuse, et je vous réponds du succès. La solitude dans laquelle vous vivez depuis quelque temps, m'effraie et pour vous et pour nous. Un voyage vous distrairoit. Allez, Werther, allez chercher un objet digne de votre tendresse; et quand vous l'aurez trouvé, revenez goûter près de nous les charmes d'une véritable amitié.

— Ceci, dit-il avec un sourire amer, ceci mériteroit d'être imprimé dans un recueil de sentences; mais, chère Charlotte, encore un peu de patience et tout ira bien.

— Sur toutes choses, pas avant jeudi. »

Il alloit répondre, lorsqu'Albert entra. Ils se saluèrent froidement et se promenèrent un moment l'un à côté de l'autre d'un air embarrassé. Werther commença une phrase insignifiante qu'il n'acheva point. Albert en fit de même. Apprenant de sa femme que diverses commissions dont il l'avoit chargée, n'étoient pas encore exécutées, il lui en témoigna son déplaisir en termes qui parurent froids et durs à Werther. Celui-ci vouloit se retirer. Il ne put s'y résoudre. Son trouble et son chagrin alloient toujours croissant. A huit heures on servit le souper. Albert l'engagea à rester; mais regardant son invitation comme une simple politesse, il le refusa sèchement et sortit.

De retour chez lui[1] il monta dans sa chambre, sans vouloir que son domestique l'accompagnât. On l'entendit quelque temps marcher à grands pas, parler seul et pleurer à chaudes larmes. Puis, il se jeta tout habillé sur son lit. Vers onze heures[2], Fritz s'étant hasardé à venir prendre ses ordres, il le renvoya, avec défense d'entrer chez lui le lendemain avant qu'il ne l'appelât.

[1] « Il prit la lumière des mains de son domestique qui « vouloit l'éclairer. »

[2] « Le domestique s'étant hasardé à entrer chez son « maître, pour lui demander s'il vouloit qu'il lui ôtât ses « bottes, il y consentit.

Le lundi matin, 21 décembre, il commença la lettre suivante qu'on trouva cachetée sur son bureau, et qui ne fut remise à Charlotte qu'après sa mort. Nous la rapporterons par fragmens, comme il paroît qu'il l'écrivit :

« Le 21 décembre.

« C'est une chose résolue, Charlotte, je veux mourir ! et je te l'écris sans une romanesque exaltation, de sang-froid, le matin du jour où je te verrai pour la dernière fois. Quand tu liras ces lignes, ô mon amie, la tombe enfermera les restes glacés du malheureux qui, près de terminer une vie inquiète et agitée, ne connoît pas de volupté plus grande que celle de s'entretenir avec toi. J'ai passé une nuit terrible.... Que dis-je ? une nuit bienfaisante ! elle a fortifié, affermi ma résolution : je veux mourir !

Hier, quand je m'arrachai d'auprès de toi, après avoir perdu toute espérance de bonheur, quel froid mortel se répandit dans mes veines! Comme tout mon sang se retira vers mon cœur! Je gagnai ma chambre avec peine, je me précipitai à genoux. Ciel! ô ciel! tu daignas m'accorder encore la consolation de répandre un torrent de larmes amères. Mille sentimens, mille desseins furieux s'entre-choquèrent dans mon âme. Ils se terminèrent tous à cette seule, à cette dernière pensée : Je veux mourir! Je me couchai, et le lendemain, dans le calme du réveil, je la retrouvai inébranlable au fond de mon cœur. Je veux mourir! Et ne crois pas que ce soit désespoir. Non, c'est la certitude que j'ai rempli ma carrière, et que je me dévoue pour toi. Oui, Charlotte, pourquoi te le cacher? il falloit qu'un de nous trois pérît. J'ai voulu que ce fût moi. O mon amie, souvent ce cœur égaré a conçu le projet affreux, barbare, d'assassiner ton mari!... toi!... moi!... Eh bien donc, moi! moi seul! Quand tu monteras la colline, à la fin d'un beau jour d'été, ô pense à moi! Souviens-toi combien de fois nous parcourûmes ensemble la vallée; abaisse ta vue vers le cimetière, et vois comme aux rayons mourans du soleil, le vent balance l'herbe touffue qui croît sur ma tombe.

« J'étois calme en commençant; maintenant je pleure comme un enfant, tant ces images douloureuses ont attendri mon âme ! »

A dix heures, Werther appela son domestique. Il lui dit en s'habillant de se préparer à faire ses paquets, comptant partir sous peu de jours. Il le chargea aussi de réclamer quelques livres qu'il avoit prêtés, et d'avancer deux mois à des pauvres auxquels il avoit coutume de distribuer chaque semaine une petite aumône.

Il se fit apporter à manger dans sa chambre. Après son dîner, il monta à cheval et se rendit chez le bailli. Ne l'ayant pas trouvé, il se promena dans le jardin, triste et rêveur, et sembla vouloir s'abreuver pour la dernière fois, de toute la mélancolie de ses souvenirs.

Les enfans ne le laissèrent pas longtemps en repos. Ils coururent à lui, sautèrent dans ses bras, et lui racontèrent que quand demain, et encore demain, et puis un jour seroient passés, ils iroient recevoir de Charlotte leurs présens de Noël; et ils lui peignirent avec vivacité les merveilles que se figuroient leurs petites imaginations.

Demain! répéta-t-il, *et encore demain! et puis un jour!* et il les embrassa tendrement. Il se disposoit à partir, lorsque le plus jeune le retint par le pan de son habit, et lui dit à l'oreille que ses frères aînés avoient composé de beaux complimens pour leur bon papa, pour Albert, pour Charlotte, et un aussi pour M. Werther, et qu'ils comptoient venir les réciter le jour de l'an, de grand matin. Cette circonstance acheva de l'accabler. Il fit à chacun des enfans un petit présent, les chargea de ses respects pour le bailli, remonta à cheval et s'éloigna les larmes aux yeux.

Il rentra chez lui sur les cinq heures, recommanda à la servante d'avoir soin de son feu et de l'entretenir jusqu'à la nuit; il dit aussi à Fritz de mettre ses livres au fond de sa malle, et d'emballer son linge et ses habits. Ce fut probablement alors qu'il écrivit ce paragraphe de sa dernière lettre à Charlotte.

« Tu ne m'attends pas. Tu crois que j'obéirai, que je ne te reverrai que la veille de Noël. O Charlotte, aujourd'hui ou jamais. La veille de Noël, tu tiendras ce papier d'une main tremblante, tu frémiras et l'arroseras de tes larmes. Je veux, je dois... oh que je suis content d'être décidé ! »

Cependant Charlotte se trouvoit dans une cruelle perplexité. Depuis sa dernière conversation avec Werther, elle sentoit plus vivement que jamais combien il lui seroit difficile de l'éloigner d'elle, et tout ce qu'une pareille séparation auroit d'affreux pour l'un et pour l'autre.

Elle avoit dit, comme en passant, en présence de son mari, que Werther ne reviendroit pas avant la veille de Noël, et Albert étoit parti pour se rendre chez un bailli du voisinage, avec lequel il avoit à régler quelques affaires qui devoient le retenir absent jusqu'au lendemain.

Charlotte demeura seule. Aucun des enfans n'étoit auprès d'elle. Triste et pensive, elle s'abandonnoit tout entière aux idées pénibles que lui inspiroient sa situation présente, et l'avenir. Elle se voyoit liée pour la vie à un homme dont elle apprécioit l'amour et la fidélité, qu'elle aimoit au fond du cœur, et qui, doué d'un caractère doux et confiant, sembloit choisi par le ciel pour faire le bonheur d'une femme vertueuse. Elle connoissoit, elle respectoit la sainteté des nœuds du mariage, les devoirs sacrés d'épouse et de mère. D'un autre côté, Werther lui étoit devenu si cher, la sympathie qu'ils avoient éprouvée l'un pour l'autre dès le premier moment où ils s'étoient vus, avoit acquis tant de force d'une longue intimité, de mille rapports communs, de mille souvenirs conservés ensemble, qu'elle eût en vain tenté de détruire des impressions, désormais ineffaçables. Tous ses sentimens, toutes ses pensées, elle avoit coutume de lui en faire part. L'éloignement de Werther laisseroit dans son existence un vide que rien ne sauroit remplir. Oh! que ne lui étoit-il donné de le changer en frère! Que n'avoit-elle l'espoir de renouer son ancienne liaison avec Albert, de le fixer auprès d'elle par un heureux mariage! En vain elle parcouroit le cercle entier de ses amies, de ses connoissances. Pas une ne lui sembloit exempte de défauts. Elle n'en voyoit point à qui elle eût voulu confier une destinée si précieuse.

Ces réflexions eurent pour résultat de lui révéler, sans qu'elle osât toutefois se l'avouer clairement à elle-même, que le premier, le plus ardent de ses vœux étoit de le garder pour elle; et en même temps elle reconnoissoit l'impossibilité de le satisfaire. Son âme si belle, si pure, son humeur si douce, si égale, si enjouée, commencèrent à ressentir les atteintes d'une noire mélancolie. Toute perspective de bonheur se ferma devant elle. Un nuage épais de douleur obscurcit ses yeux.

Il étoit six heures et demie du soir, lorsqu'elle entendit quelqu'un monter l'escalier. Elle reconnut aussitôt la démarche et le son de voix de Werther. Il demandoit à la voir. Comme le cœur lui battit à son approche! comme elle eût voulu pouvoir se dérober à sa vue! Lorsqu'il entra : « Vous m'avez manqué de parole, s'écria-t-elle dans une sorte d'égarement passionné!

— Je n'ai rien promis, fut sa réponse.

— Du moins, deviez-vous avoir quelque égard à ma prière. Je vous l'avois faite au nom de notre mutuel repos. »

Elle savoit à peine ce qu'elle disoit, encore moins ce qu'elle faisoit. Elle envoya prier deux de ses amies de venir passer la soirée chez elle, pour ne pas rester seule avec Werther. Celui-ci posa sur la table quelques livres qu'il avoit rapportés et en demanda d'autres à emprunter. Tantôt elle souhaitoit, tantôt elle craignoit l'arrivée de ses amies. Sa femme de chambre revint lui dire qu'elles étoient engagées.

Elle voulut alors faire travailler cette fille dans la pièce voisine; puis elle changea d'idée. Werther se promenoit en silence. Elle essaya un air sur son clavecin; mais ses doigts roides et glacés n'en purent tirer aucun son. Enfin, rassemblant son courage et ses forces, elle alla s'asseoir tranquillement sur le canapé où Werther avoit pris sa place accoutumée.

« N'avez-vous rien à lire, lui dit-elle [1] ? Voici sur mon secrétaire votre traduction des chants de Selma. Je ne l'ai point encore lue, j'espérois toujours l'entendre de votre bouche ; mais depuis quelque temps vous n'êtes bon à rien. »

Il alla prendre le cahier en souriant. Un léger frisson parcourut ses veines, ses yeux se remplirent de larmes, il se rassit et lut.

« [1] Il n'avoit rien. »

LES CHANTS DE SELMA[1].

« Étoile, compagne étincelante de la nuit, l'Occident brille de tes feux. Ton front radieux a percé l'obscurité des nuages, tu t'avances avec majesté vers la colline. Que regardes-tu sur la bruyère? les vents furieux se sont apaisés. On n'entend plus dans le lointain que le bruit du torrent, et le frémissement des vagues qui battent en se jouant le pied du rocher. L'insecte ailé du soir remplit l'air de son sourd bourdonnement. Astre charmant, que regardes-tu? mais tu souris et passes. Les vagues bon-

---

[1] Ces chants empreints d'un charme mélancolique reposent le lecteur des émotions violentes qu'il vient d'éprouver, et lui donnent le temps et la force de se préparer à la terrible catastrophe. Quelques traducteurs les ont supprimés, hors le dernier paragraphe : « Pourquoi me ranimes-tu, doux zéphir du printemps, etc. » J'ai cru devoir conserver les chants de Selma, en les traduisant sur le texte original.

(*Note du traducteur.*)

dissantes s'entr'ouvrent pour te recevoir. Elles baignent ta chevelure rayonnante. Astre paisible, adieu! et toi, parois, lumière éclatante de l'âme d'Ossian!

« Elle paroît dans toute sa splendeur. Je revois les amis que j'avois perdus. Ils se rassemblent à Lora, comme aux temps passés. Voici Fingal, tel qu'une humide colonne de vapeur. Autour de lui sont les héros et les bardes, enfans de l'harmonie, Ullin, à la chevelure argentée, le majestueux Ryno, Alpin, l'aimable chanteur, et toi, douce et plaintive Minona! O mes amis, que vous êtes changés depuis ces jours de fêtes où nos voix semblables aux légers zéphirs du printemps, disputoient à Selma le prix du chant!

« Alors s'avançoit la belle Minona, le regard baissé, les yeux remplis de larmes, son épaisse chevelure flottant au gré du vent. Elle élevoit sa voix touchante, et la douleur pénétroit dans l'âme des héros; car ils avoient tous vu le tombeau de Salgar et la sombre demeure de la blanche Colma. L'harmonieuse Colma, restée seule sur la colline, attend Salgar qui lui a promis de venir; mais déjà la nuit a déroulé ses voiles noirs. Écoutez la voix de Colma, assise sur la colline solitaire.

Colma.

« Il est nuit, je suis seule, délaissée sur la colline, séjour des orages. Le vent gémit dans la montagne; le torrent se précipite avec fracas du haut des rochers. Aucun abri ne s'offre à moi pour me garantir de la pluie, à moi malheureuse, délaissée sur la colline, séjour des orages.

« Sors, ô lune, du sein des nuages. Étoile de la nuit, brille au firmament. Prêtez-moi votre clarté propice, qu'elle me guide aux lieux où mon amant se repose des fatigues de la chasse, son arc détendu près de lui, ses chiens haletans à ses côtés. Mais, hélas! il faut que je reste seule sur ce rocher couvert de mousse. Le torrent et la tempête mugissent. Je n'entends pas la voix de mon amant.

« Qui peut retenir mon Salgar? Le noble

chef de la colline a-t-il oublié sa parole? Voici le rocher, l'arbre et le torrent. Tu m'avois promis de venir à l'approche de la nuit. Ah! où s'est égaré mon Salgar? Avec toi je voulois fuir, quitter pour toi mon père, mon frère, aux cœurs altiers. Les insensés! la haine divise depuis longtemps nos familles; mais nous ne sommes point ennemis l'un de l'autre, Salgar!

« Faites un moment silence, ô vents! torrens suspendez votre furie! que ma voix retentisse aux lieux d'alentour, qu'elle parvienne à l'oreille de mon amant égaré. Salgar, c'est Colma qui t'appelle. Voici l'arbre et le rocher. Salgar, mon amant, je suis ici, pourquoi tardes-tu de venir.

« La lune paroît, les flots argentés resplendissent dans la prairie, le faîte des rochers commence à blanchir : cependant je ne le vois pas au sommet de la colline, ses chiens courant devant lui ne m'annoncent pas sa venue. Faut-il, hélas! que je passe seule ici la nuit!

« Mais qui sont ceux que j'aperçois étendus sur la bruyère? Est-ce mon amant?

est-ce mon frère? parlez, ô mes amis. Ils ne répondent pas. Parlez-moi, je suis seule. Mon âme est glacée de terreur. Ah! ils sont morts, leurs glaives dégouttent de sang. O mon frère, mon frère, pourquoi as-tu tué mon Salgar? ô Salgar, pourquoi as-tu tué mon frère? Vous m'étiez tous deux si chers! Que dirai-je à votre louange? Tu brillois par ta beauté, entre tous tes rivaux. Il étoit terrible dans les combats. Mes bien-aimés, entendez ma voix! parlez-moi! Ah! ils sont muets, muets pour toujours! leur sein est froid comme la terre.

« Oh! du rocher de la colline, du sommet de la montagne, séjour des orages, répondez, esprits des morts, répondez-moi! je ne frémirai pas. Quel est l'asile où vous reposez? Dans quelle obscure caverne puis-je vous trouver? Hélas! pas un foible son porté sur l'aile des vents! pas une voix plaintive, mêlée aux gémissemens de la tempête!

« Je suis seule avec ma douleur. J'attends le jour dans les larmes. Creusez leur tombe, amis des morts; mais attendez pour la fermer que Colma soit venue. Ma vie va désormais s'évanouir comme un songe. Que ferai-je sans vous sur la terre? O mes amis, je veux reposer avec vous, au pied du rocher, près du torrent. Quand la nuit descendra sur la colline, et que les vents agiteront la bruyère, mon esprit planant dans les airs, déplorera votre perte. Le chasseur m'entendra sous son toit de feuillage. Si d'abord ma voix lui cause quelque effroi, bientôt il en aimera les accens; car ma voix sera douce, en pleurant mes amis : ils m'étoient tous deux si chers!

« Tel fut ton chant, ô Minona, aimable fille de Thorman. Ton front se couvrit en achevant d'une rougeur modeste. Nous versâmes des larmes sur le sort de Colma, et la tristesse se répandit dans nos cœurs.

« Ullin lui succéda, sa harpe à la main, et nous donna les chants d'Alpin. La voix d'Alpin étoit mélodieuse. Un rayon de feu avoit formé l'âme de Ryno; mais déjà tous deux habitoient l'étroite, la dernière demeure, et l'écho de Selma ne répétoit plus leurs accens. Un jour, Ullin revenoit de la chasse (c'étoit avant la chute des deux guerriers). Il entendit leurs chants rivaux retentir sur la colline. Ces chants étoient doux et tristes : ils redisoient les exploits et la mort de Morar, le plus grand des héros. Morar avait l'âme de Fingal. Son épée répandoit la terreur comme celle d'Oscar. Il succomba, son père en gémit et les yeux de sa sœur se remplirent de larmes, les yeux de Minona, la sœur du superbe Morar. Elle se retira lorsqu'Ullin fut près de commencer, comme à l'approche de la tempête la lune fuit vers l'Occident, et dérobe sous un nuage sa face lumineuse. Je me joignis à Ullin, et j'accompagnai avec ma harpe les chants de la douleur.

Ryno.

« La tourmente est apaisée, les nuages se dissipent dans le ciel, le midi redevient serein, le soleil éclaire en fuyant la colline verdoyante, et le torrent de la montagne roule dans le vallon ses flots couleur de pourpre. Ton murmure est doux, ô torrent, mais plus douce encore est la voix d'Alpin, pleurant sur les morts. Sa tête est courbée par l'âge, les larmes ont rougi ses yeux. Alpin, chanteur sublime, que fais-tu seul sur la colline silencieuse? pourquoi gémis-tu, comme le vent dans la forêt? comme la vague contre la grève solitaire?

Alpin.

« Mes larmes, Ryno, sont pour les morts, mes chants pour les habitans du tombeau. Tu parcours encore d'un pas majestueux la colline, tu surpasses en beauté tous les enfans de la bruyère; mais tu tomberas comme Morar, et nous irons aussi pleurer sur ta tombe. Les collines oublieront ta voix, ton arc détendu restera oisif dans ta demeure.

« O Morar, tu étois léger comme le chevreuil du désert, terrible comme le météore enflammé. Ta colère ressembloit à la tempête, ton épée aux éclairs qui sillonnent la nue. On eût pris ta voix pour un torrent gonflé par l'orage, ou pour le bruit d'un tonnerre lointain. Le feu de ton courroux consumoit les ennemis qu'avoit abattus ton bras; mais quand tu revenois du combat, oh! que ton front étoit serein! tel que le soleil après la pluie, ou que la lune au sein des nuits paisibles, ton visage brilloit d'un doux éclat, ton regard étoit calme comme le lac qu'ont cessé d'agiter les vents.

« Maintenant, que ta demeure est étroite et sombre! O toi, naguère si grand, en trois pas je mesure ta tombe. Quatre pierres couvertes de mousse sont l'unique souvenir qui reste de toi. Un arbre funèbre que balance le vent, indique au chasseur le tombeau du puissant Morar. Oh! que ton sort est digne de pitié! Tu n'as point de mère pour te pleurer, point d'amante pour arroser ta cendre des larmes de l'amour; car elle est morte celle qui te porta dans son sein. La fille de Morglan n'est plus.

« Quel vieillard s'avance vers nous d'un pas chancelant, appuyé sur un bâton noueux? L'âge a blanchi sa tête vénérable, et les pleurs ont fatigué ses yeux. C'est ton père, ô Morar! ton père, qui n'avoit d'enfant que toi! La renommée lui a transmis ta gloire, tes exploits, le nombre des ennemis qu'a terrassés ton bras. Que ne pouvoit-il, hélas! ignorer ta blessure! Gémis, ô père de Morar, gémis; mais ton fils ne t'entendra pas. Le sommeil des morts est trop profond, leur demeure est trop avant dans la terre. Nous n'entendrons plus ta voix mâle et sonore. Nous ne répondrons plus à ton noble appel. O quand fera-t-il jour dans la tombe, pour dire à ceux qui dorment : Réveillez-vous!

« Adieu, le plus brave des hommes! adieu noble guerrier, toujours vainqueur dans les combats! Les champs de la gloire sont à l'avenir fermés pour toi. La sombre forêt ne sera plus éclairée des brillans reflets de ton armure. Tu ne laisses point de fils ; mais nos chants perpétueront ta mémoire. Les siècles futurs rediront ton nom ; ils rediront les exploits et la chute de Morar. »

« Les chefs font éclater une douleur profonde; mais les sanglots redoublés d'Armin dominent tous les autres. Ces chants lui rappellent la mort de son fils, moissonné à la fleur de l'âge. Carmor, prince de Galmal, fertile en échos, est assis à ses côtés. « Pourquoi gémit Armin? lui dit-il; est-ce ici le lieu de répandre des larmes? Le charme de l'harmonie, en pénétrant dans les cœurs, n'adoucit-il pas toutes les peines? Ainsi, l'humide vapeur qui s'élève du lac se répand sur la prairie; mais bientôt le soleil reparoît radieux, et la vapeur est dissipée. Pourquoi cette tristesse à laquelle ton âme s'abandonne, ô Armin, chef de Gorma qu'environnent les mers? »

Armin.

« Il est vrai, je suis triste, et la source de mes pleurs ne tarira jamais. Carmor, tu n'as point perdu de fils, point de fille dans l'éclat de sa beauté. Le brave Colgar respire, ainsi qu'Annira la plus belle des vierges. Tous les rejetons de ta famille fleurissent. Armin reste seul de sa race. O Daura, ma fille, que ta couche est obscure! Qu'il est long le sommeil dont tu dors dans la tombe! Oh! quand te réveilleras-tu? Quand ta voix mélodieuse charmera-t-elle encore mon oreille?

« Vents de l'automne, levez-vous ! soufflez sur la noire bruyère. Torrens, précipitez vos flots écumans. Tempête, mugis dans les cimes des arbres ; et toi, lune, laboure péniblement le sein déchiré des nuages, et que ton disque sanglant se montre et se cache tour à tour à nos yeux. Je vais raconter la nuit terrible où j'ai perdu mes enfans, où périt le brave Arindal, où Daura, l'objet de mon amour, me fut ravie.

« Daura, ma fille, tu étois belle comme la lune sur les collines de Fura, blanche comme la neige récemment tombée, douce comme le zéphyr du matin.

« Arindal, ton arc étoit formidable. Ta lance portoit dans les combats des coups rapides et sûrs. Ton regard ressembloit à la sombre vapeur qui couvre les flots, ton bouclier à une nue enflammée au milieu de la tempête.

« Armar, renommé dans les combats, brigua la tendresse de Daura. Elle ne résista pas longtemps à ses vœux. L'espoir brilloit au front de leurs amis.

« Erath, le fils d'Ogdal, en frémit de

rage. Armar avoit tué son frère. Il se déguise sous les habits d'un pêcheur. Sa barque fend les flots, élégamment ornée. Sa chevelure semble blanchie par l'âge, et son visage vénérable respire la paix. « O la plus belle des vierges, dit-il, aimable fille d'Armin, non loin du rivage, sur les flancs d'un rocher, croît un arbre dont les fruits vermeils frappent de loin la vue. Armar attend Daura sous son ombrage. Je viens la chercher pour la conduire à son amant. »

« Elle le suit sans méfiance; elle appelle Armar. L'écho seul du rocher lui répond. Armar! Armar! cher amant! pourquoi te plaire à tourmenter mon cœur? Écoute, fils d'Armar, écoute Daura qui t'appelle.

« Le traître Érath regagne en riant la rive. Daura redouble ses cris. Elle s'adresse tantôt à son père, tantôt à son frère. Arindal! Armin! quoi, personne pour sauver votre Daura?

« Sa voix traverse la mer. Arindal, mon fils, descendoit la colline, chargé des dépouilles des hôtes de la forêt. Ses flèches retentissoient à son côté. Il tenoit son arc à la main. Cinq chiens d'un gris noirâtre suivoient ses pas. Il aperçoit sur le rivage le féroce Érath. Il le saisit, l'attache à un chêne, et l'entoure de solides liens. Érath remplit l'air de ses rugissemens.

« Arindal s'élance dans la nacelle pour aller chercher Daura. Armar furieux, accourt. Il fait voler une flèche rapide. Le trait siffle et va se plonger dans son sein. O Arindal! ô mon fils! tu meurs, au lieu du traître Érath! La rame échappe de ta main. A peine la nacelle touche au rocher, il tombe, il expire. Quel est ton désespoir, ô Daura, en voyant couler à tes pieds le sang de ton frère!

« La nacelle brisée du choc s'entr'ouvre. Armar se précipite dans la mer pour sauver sa chère Daura, ou périr. Soudain une violente rafale soulève les flots. Armar s'enfonce et ne reparoît plus.

« Seule, sur le rocher battu par les vagues en furie, ma fille poussoit de longs gémissemens. Que pouvoit pour elle son malheureux père? Toute la nuit, je restai sur le rivage. Je la distinguois confusément à la pâle clarté de la lune. Toute la nuit j'entendis les cris de son désespoir. Le vent souffloit avec force, et une grosse pluie battoit les flancs de la montagne. Au point du jour, la voix de Daura devint plus foible. Elle s'éteignit comme le souffle du soir dans l'herbe des rochers. Épuisée par la douleur, tu expiras, ô ma fille, et me laissas seul sur la terre ! J'ai perdu celui qui étoit ma force dans les combats, celle qui faisoit mon orgueil entre toutes ses compagnes.

« Quand la tempête est déchaînée, quand le vent du nord bouleverse la mer, je m'assieds sur le rivage retentissant, en face du fatal rocher. Souvent au déclin de la lune, je crois voir les ombres de mes enfans tristement unies, errant et gémissant de concert. Oh ! par pitié, un mot de vous !.... Ils ne regardent pas leur père ! Je suis triste, ô Carmor, et la source de mes pleurs ne tarira jamais ! »

Un torrent de larmes soulagea le cœur oppressé de Charlotte, et interrompit la lecture. Werther saisit une de ses mains. Elle avoit la tête appuyée sur l'autre, et tenoit son visage caché dans son mouchoir. Leur agitation à tous deux étoit terrible. Ils sentoient leur propre malheur dans celui des nobles héros, ils le sentoient ensemble et leurs pleurs se confondoient. Werther imprima sur le bras de Charlotte un baiser de feu. Elle tressaillit et voulut fuir ; la douleur, comme un poids pesant, la retint immobile. Elle essaya de se remettre, et le pria, en sanglotant, de continuer ; elle l'en pria d'une voix céleste. Werther trembloit. Son cœur était prêt à se fendre. Il reprit le cahier, et lut ces mots à peine articulés.

¹ « Pourquoi me ranimes-tu, doux zéphyr du printemps ? tu me caresses et me dis : je répands sur toi la rosée du ciel ;

---

¹ Ce paragraphe ne fait point partie des chants de Selma ; je l'ai cherché en vain dans Ossian. Il est sans doute de la composition de Gœthe.

Note du traducteur.)

mais le temps approche où je vais me flétrir. Voici l'orage qui va briser ma tige et disperser mes fleurs. Demain le voyageur passera. Il passera celui qui m'a vu dans l'éclat de ma beauté. Son œil me cherchera autour de lui, et ne me trouvera plus. »

Chacune de ces expressions est un coup de poignard pour le malheureux Werther. Éperdu, hors de lui, il se jette aux pieds de Charlotte, il prend ses mains, il les porte à ses yeux, à son front. Le désespoir est empreint dans tous ses traits. Charlotte éclairée par un horrible pressentiment, le regarde avec effroi. Ses sens s'égarent, elle presse à plusieurs reprises les mains de Werther contre son sein et se penche sur lui, dans une douloureuse émotion. Leurs joues brûlantes se rencontrent; l'univers s'anéantit pour eux. Il entrelace ses bras autour d'elle, il la serre étroitement et couvre de baisers de feu ses lèvres pâles et tremblantes. « Werther, dit-elle d'une voix étouffée, en détournant son visage et le repoussant d'une main foible! Werther, s'écrie-t-elle avec l'accent d'une généreuse indignation ! » Il obéit, la laissa s'échapper de ses bras, et tomba presque sans connoissance à ses pieds. Alors, pleine d'un trouble inexprimable, le cœur palpitant à la fois d'amour et de colère : « C'est pour la dernière fois, Werther, dit-elle, vous ne me reverrez jamais ! » Et jetant encore sur l'infortuné un regard plein de tendresse, elle se précipita dans un cabinet voisin, et s'y enferma. Werther étendit les bras, sans oser la retenir. Il étoit assis à terre, la tête appuyée contre le canapé, et il demeura plus d'une demi-heure dans cette attitude, jusqu'à l'arrivée d'une servante qui venoit mettre le couvert. Il se leva au bruit et fit quelques tours dans la chambre. Dès qu'il fut seul, il s'approcha du cabinet : « Charlotte ! Charlotte ! dit-il à voix basse, encore un mot seulement ! un adieu ! » Elle ne répondit rien. Il attendit un instant, lui réitéra sa prière ; puis s'élançant avec impétuosité : « Adieu ! s'écria-t-il, Charlotte ! adieu pour jamais ! »

Il tomboit une pluie fine, mêlée de neige. Les gardiens des portes de la ville qui le connoissoient le laissèrent passer sans rien dire. Il ne rentra chez lui qu'à onze heures du soir. Son domestique remarqua qu'il n'avoit point de chapeau, mais il n'osa lui en faire l'observation. Il le déshabilla. Tous ses vêtemens étoient trempés. On retrouva depuis son chapeau au haut d'un roc escarpé qui s'avance en saillie sur le vallon, et l'on a peine à comprendre comment il put, par une nuit noire et pluvieuse, gravir jusque-là, sans se précipiter.

Il se coucha et dormit longtemps. Le lendemain, son domestique, en lui apportant son déjeuner, le trouva occupé à écrire le passage suivant de sa lettre à Charlotte.

« C'est donc pour la dernière fois que j'ouvre les yeux. Ils ne reverront plus le soleil. Un ciel sombre et nébuleux voile son disque immortel. Oui, prends le deuil, ô nature; car ton fils, ton ami, ton amant s'approche de sa fin. Charlotte, cette pensée n'a point d'égale, elle tient presque du songe : C'est mon dernier jour! Le dernier! je ne comprends pas ce mot. Aujourd'hui, debout, dans toute ma force; et demain, étendu sans vie dans la terre! Mourir! que signifie cela? Vois-tu, nous rêvons, quand nous parlons de la mort. J'ai vu mourir plus d'une personne; mais telle est la foiblesse de la nature humaine, qu'elle n'a la conscience ni de son commencement ni de sa fin. Aujourd'hui encore à moi.... à toi.... à toi, ô mon amie! et dans un moment séparés, désunis peut-être pour jamais! Non, Charlotte, non. Comment pourrions-nous cesser d'être? Le néant, qu'est cela? un vain son, un mot vide de sens, qui ne dit rien à mon intelligence.... Mais la mort, ô Charlotte! mais la couche glacée, si étroite, si obscure!

« J'avois une amie, ah! une amie bien chère. Elle fut le soutien de ma jeunesse abandonnée. Elle mourut. Je suivis son convoi, je m'avançai sur le bord de sa fosse, j'y vis descendre son cercueil, j'entendis crier les cordes qui l'entouroient. Dieu! quel bruit lugubre, lorsqu'on y jeta la première terre! Le bruit devint de plus en plus sourd, jusqu'à ce que le cercueil fût entièrement recouvert. Je tombai à côté, le cœur brisé, sans force, privé de sentiment. Je ne sais ce qui m'arriva alors, ce qui va m'arriver. La mort, le tombeau, je ne comprends pas ces mots.

« Pardonne! pardonne-moi! pourquoi le jour d'hier ne fut-il pas le dernier de ma vie? Ange du ciel, pour la première fois, je sentis mon âme s'embraser à cette ravissante pensée : elle m'aime! elle m'aime! il brûle encore sur mes lèvres, le feu sacré qu'y allumèrent les tiennes! Mon cœur s'est rempli d'une volupté nouvelle. Pardonne! ô pardonne-moi!

« Je savois bien que tu m'aimois. Le premier regard où se peignit ton âme, le premier serrement de ta main m'instruisirent de mon bonheur; et cependant quand je m'éloignois de toi, ou que je voyois Albert à tes côtés, je retombois en proie aux horreurs du doute.

« Te souviens-tu des fleurs que tu m'envoyas au sortir d'une fastidieuse assemblée où nous ne pûmes nous dire un mot, nous faire un signe d'intelligence ? Je passai la moitié de la nuit à genoux devant ce gage chéri de ta tendresse. Hélas ! ces douces impressions se sont effacées peu à peu, comme s'éloigne insensiblement de l'âme du chrétien, le sentiment des grâces vivifiantes de son Dieu.

« Tout périt ; mais rien ne sauroit anéantir la vie brûlante qu'hier j'ai puisée dans ton sein. Elle m'aime ! mes bras l'ont entourée, mes lèvres ont tremblé sur ses lèvres, ma bouche a balbutié sur sa bouche, elle est à moi, tu es à moi, oui, Charlotte, pour jamais !

« Qu'importe qu'Albert soit ton époux ? Ton époux ! ce titre est bon pour le monde ; et le monde seul aussi pourroit me faire un crime de mon amour, de mes efforts pour t'arracher de ses bras, et t'entraîner dans les miens. Si c'est un crime... eh bien, je vais m'en punir. Je n'en aurai pas moins goûté ses enivrantes délices. Un baume consolateur a pénétré toute ma substance. Une force invincible m'anime. Dès ce moment tu es à moi, à moi, ô ma Charlotte !

Je vais te précéder dans les célestes demeures. Je vais trouver mon père, ton père, je me plaindrai à lui, et il me consolera jusqu'à ce que tu viennes, et que réunis en sa présence, nous confondions nos êtres dans l'ineffable volupté d'un embrassement éternel.

« Je ne rêve point, je n'extravague point. Près du tombeau, un jour plus pur m'éclaire. Nous ne cesserons point d'être. Nous nous reverrons, nous verrons ta mère. Je vais la trouver, épancher mon cœur devant elle; je vais voir ta mère, ta mère, ta parfaite image! »

' Vers onze heures, ayant su par son domestique qu'Albert étoit de retour, il lui envoya ce billet tout ouvert :

« Prêtez-moi, s'il vous plaît, vos pistolets, pour un petit voyage que j'ai le projet de faire. Adieu, portez-vous bien. »

' « Vers onze heures Werther demanda à son domestique s'il croyoit qu'Albert fût de retour. Le domestique répondit que oui, qu'il avoit vu ramener son cheval. »

La pauvre Charlotte avoit peu dormi la nuit précédente. Toutes ses craintes se trouvoient confirmées d'une manière qu'elle n'avoit pu ni redouter ni prévoir. Son sang, jadis si pur et si calme, maintenant en proie à une agitation fébrile, se pressoit à flots tumultueux dans ses veines. Mille sensations pénibles agitoient son beau sein, sans qu'elle en démêlât distinctement la cause. Étoit-ce le feu des embrassemens de Werther, le ressentiment de sa témérité, la triste comparaison de son état actuel avec ces jours d'innocence et de bonheur, où son cœur exempt de reproche, se reposoit en paix dans la confiance de sa vertu ? Comment se présenter devant Albert ? Comment lui raconter une scène qu'elle pouvoit si bien, et qu'elle n'osoit pourtant avouer ? Ils s'étoient tus si longtemps l'un et l'autre ; romproit-elle la première le silence pour faire à son époux une pareille confidence ? Déjà elle appréhendoit que la simple mention de la visite de Werther n'excitât son mécontentement. Que seroit-ce lorsqu'il entendroit de sa bouche le récit d'une catastrophe si inattendue! Avoit-elle l'espoir qu'il vît les choses d'un œil dégagé de préventions, sous leur véritable jour? étoit-il d'ailleurs à souhaiter pour elle qu'il connût le fond de ses sentimens? Et cependant quel moyen d'échapper à la pénétration d'un homme devant qui son âme avoit été constamment exposée sans voile, auquel elle n'avoit jamais voulu, ni su cacher une seule de ses impressions? Ces réflexions excitoient sa tristesse et la jetoient dans un grand embarras; et toujours ses pensées se reportoient sur Werther, sur Werther, dont la rigueur du sort la séparoit sans retour, qu'elle devoit, qu'elle ne pouvoit, hélas! abandonner, et à qui il ne resteroit rien dans l'univers entier, lorsqu'il l'auroit perdue.

Combien elle se reprochoit d'avoir contribué, à son insu, à la mésintelligence qui régnoit entre Albert et lui! Ces deux hommes si bons, si estimables, refroidis d'abord par de légères dissidences d'opinions, évitèrent une explication avec autant de soin qu'ils en auroient dû mettre à la rechercher. Chacun d'eux s'aigrit en secret du sentiment des torts de l'autre, et leur liaison finit par se rompre au point que rien ne fut capable de la renouer dans le moment décisif. Si, au contraire, une douce bienveillance eût pris la place de cette fâcheuse susceptibilité, si un retour d'amitié les eût disposés à une mutuelle indulgence, peut-être notre malheureux ami existeroit-il encore aujourd'hui.

Une circonstance particulière augmentoit la perplexité de Charlotte. Werther, comme ses lettres en font foi, n'avoit jamais dissimulé son dessein de quitter la vie. Albert l'avoit souvent combattu. Ses conversations avec sa femme rouloient quelquefois sur ce sujet. Plein d'horreur pour le suicide, il donnoit volontiers à entendre qu'il avoit de la peine à croire à la sincérité d'une pareille résolution. Même il s'exprimoit à ce propos avec une sorte d'amertume tout à fait étrangère à son caractère; et, joignant le sarcasme au raisonnement, il avoit presque fini par communiquer à Charlotte son incrédulité. Si, d'un côté, cette opinion l'aidoit à repousser de son esprit de sinistres images, de l'autre elle lui ôtoit la consolation de confier à son mari les vives alarmes dont elle avoit peine à se défendre en ce moment.

Lorsqu'Albert revint, elle courut au-devant de lui avec un empressement affecté. Il avoit l'air soucieux. Ses affaires ne s'étoient point terminées à sa satisfaction. Le bailli du canton voisin étoit un homme roide et difficultueux. Les mauvais chemins avoient aussi contribué à lui donner de l'humeur.

Il s'informa s'il ne s'étoit rien passé de nouveau pendant son absence. Charlotte se hâta de répondre que Werther étoit venu la veille au soir. Il demanda s'il y avoit des lettres pour lui. Apprenant qu'on en avoit porté plusieurs, avec différens papiers d'affaires, dans son cabinet, il y entra. Charlotte demeura seule. La présence de l'homme qu'elle aimoit, qu'elle respectoit, fit sur elle une heureuse diversion. Le souvenir de sa bonté, de sa générosité, de son affection, lui rendit un peu de calme. Elle se sentit portée à le suivre. Elle prit son ouvrage et l'alla trouver dans son cabinet, comme elle avoit accoutumé de faire. Il étoit occupé à décacheter et à lire ses lettres. Le contenu de quelques-unes sembloit l'affecter désagréablement. Elle lui adressa diverses questions. Il y répondit en peu de mots et s'assit à son bureau.

Une heure s'écoula de la sorte. Les idées de Charlotte devenoient de plus en plus sombres. Elle sentoit l'extrême difficulté de révéler à son mari, fût-il de la meilleure humeur du monde, le secret qui pesoit sur son cœur, et elle tomba dans une mélancolie d'autant plus profonde, qu'elle s'efforçoit de la dissimuler et de dévorer ses larmes.

L'apparition du domestique de Werther vint mettre le comble à son anxiété. Albert, après avoir lu le billet, se tourna froidement vers sa femme : « Donne-lui mes pistolets, » dit-il. Puis, s'adressant au petit Fritz, il ajouta : « Vous lui souhaiterez de ma part un bon voyage. »

Ces mots furent pour Charlotte un coup de foudre. Elle hésita à se lever. Elle ne savoit ce qui se passoit en elle. Elle s'approcha en chancelant de la muraille, en détacha les armes, les essuya d'une main tremblante; et elle auroit encore tardé davantage, si un regard expressif d'Albert n'eût accusé sa lenteur. Elle remit au domestique les armes fatales, sans avoir la force de proférer une seule parole. Dès qu'il fut sorti, elle reprit son ouvrage et se retira dans sa chambre, dévorée d'inquiétude et plongée dans une cruelle irrésolution. Son cœur ne lui présageoit rien qu'affliction, que calamité. Elle vouloit d'abord retourner chez Albert, se jeter à ses pieds, lui tout découvrir, la scène de la veille, sa faute, ses remords, ses funestes pressentimens. Bientôt elle renonça à une tentative dont elle n'espéroit aucun succès. Elle se flattoit encore moins d'obtenir de son mari qu'il consentît à faire une démarche auprès de Werther.

Le couvert étoit mis, lorsqu'une de ses amies demanda à la voir. Elle n'avoit qu'un mot à lui dire, et vouloit s'en retourner sur-le-champ. Charlotte la retint à dîner. Sa présence rendit le repas supportable. On se contraignit, on causa, on s'oublia un moment.

Cependant le petit Fritz, revenu de chez Albert, avoit apporté les pistolets à son maître. Quand celui-ci sut que c'étoit Charlotte elle-même qui les lui avoit donnés, il s'en saisit avec transport[1]. Il envoya dîner Fritz et se mit à écrire.

« Je les tiens de ta main, tu les as touchés[2], je les baise mille fois. Anges du ciel, vous approuvez ma résolution. Charlotte, c'est toi qui m'envoies l'instrument fatal,

[1] « Il se fit apporter du pain, du vin. »
[2] « Tu en as essuyé la poussière. »
Nous avons vu plus haut l'effroi, la consternation de Charlotte, lorsqu'Albert se tournant froidement vers elle, lui dit de donner ses pistolets au domestique de Werther. Cette scène est peinte admirablement. L'infortunée, frappée d'un sinistre pressentiment, obéit à regret. Elle cherche, par tous les moyens possibles, à différer l'exécution de l'ordre fatal. Elle tarde à se lever, elle s'approche en chancelant de la muraille, elle prend les armes d'une main tremblante, elle en essuie la poussière. Tous ces détails sont naturels, touchans, pleins d'intérêt. On n'en voudroit retrancher aucun.

Mais la scène a changé. Werther attend impatiemment

toi de qui j'ai toujours souhaité de recevoir la mort, hélas! et de qui je la reçois. J'ai fait à mon petit Fritz mille questions. Tu tremblois en lui remettant ces armes; mais tu ne le chargeas pour moi d'aucun

le retour de son messager. A peine le petit Fritz paroît, il l'accable de questions. Lorsqu'il apprend de l'enfant que c'est Charlotte elle-même qui lui a remis les pistolets, il s'en saisit, il les presse sur ses lèvres. « Je les tiens de ta main ! tu les as touchés ! » s'écrie-t-il. Voilà le langage de la vérité, le cri déchirant de la passion. L'auteur devoit s'arrêter là. *Tu en as essuyé la poussière*, ajoute-t-il; eh! qu'importe? Ne voit-on pas que ce moyen ingénieux inventé par la tendresse d'une amante pour reculer la catastrophe qu'elle redoute, n'est plus qu'une circonstance oiseuse, puérile, ridicule.

« Tout ce qu'on dit de trop est fade et rebutant,
« L'esprit rassasié le rejette à l'instant. »

« Les Allemands, dit la Harpe, croient qu'il suffit de
« peindre au hasard tout ce qu'on rencontre. Non, il faut
« choisir son objet et faire un tableau. »

Il y a plus de soixante ans que l'auteur de la correspondance avec le grand-duc de Russie prononçoit ce jugement un peu sévère. Les Allemands ne seroient-ils pas en droit de nous renvoyer aujourd'hui le reproche du critique françois? Depuis la déplorable invasion du romantisme dans notre littérature, il semble que nous aurions mauvaise grâce de nous montrer trop rigoureux à l'égard de nos voisins. (*Note du traducteur.*)

adieu, d'aucun, ô Charlotte ! Ah ! m'aurois-tu fermé ton cœur, après le fortuné moment qui m'a pour jamais uni à toi ? Charlotte, des myriades de siècles ne sauroient effacer l'impression céleste..... Non, je le sens, tu ne peux haïr celui qui brûle ainsi pour toi ! »

Après son dîner, il fit emballer le reste de ses effets, déchira plusieurs papiers et sortit pour acquitter encore quelques petites dettes. Il rentra un instant, ressortit malgré la pluie, passa les portes de la ville et se rendit d'abord au jardin du comte. Il erra ensuite assez longtemps dans les environs. De retour chez lui, à la nuit tombante, il écrivit les deux billets suivans :

« William, j'ai vu pour la dernière fois le ciel, la campagne, les bois. Reçois mes adieux ! O ma tendre mère ! pardonne-moi. Cher ami, c'est à toi de la consoler. Que Dieu vous bénisse ! J'ai mis ordre à tout. Adieu, nous nous reverrons dans un monde plus heureux ! »

« J'ai mal reconnu ton amitié, Albert; mais tu me pardonnes, je l'espère. J'ai troublé la paix de ton ménage. J'ai semé la méfiance dans vos cœurs. Il est temps qu'elle en soit bannie. Oh! puissiez-vous recueillir tous deux le fruit de ma mort! Albert, Albert, fais le bonheur de ton ange, et que le ciel te comble de ses bénédictions! »

Il s'occupa dans la soirée d'une dernière revue de ses papiers, en déchira beaucoup qu'il jeta au feu, et adressa à son ami quelques paquets cachetés, contenant divers extraits et des pensées détachées[1]. A dix heures[2] il envoya coucher Fritz, qui logeoit, ainsi que les autres domestiques de la maison, assez loin de lui, dans un corps de logis séparé. Fritz se jeta tout habillé sur son lit, pour être prêt le lendemain de grand matin; car son maître lui avoit dit que les chevaux de poste arriveroient avant six heures.

[1] « Que j'ai lus en partie. »
[2] « Il se fit apporter du bois et une bouteille de vin. »

Après onze heures.

« Tout est paisible autour de moi. Je suis calme. Je te remercie, ô mon Dieu, de m'accorder dans mes derniers momens cette force d'âme et cette sécurité.

« Je vois briller, de ma fenêtre, à travers les nuages qu'emporte un vent rapide, quelques étoiles solitaires. Astres charmans, vous ne périrez pas. L'Éternel veille sur vous.... et sur moi! J'aperçois Arcture, la plus belle des constellations. La nuit, quand je sortois de chez toi, elle étinceloit au-dessus de ma tête. Avec quelle ivresse je m'arrêtois pour la contempler ! Que de fois, les mains jointes, je l'ai prise à témoin de ma félicité! Et maintenant encore..... ô Charlotte, ces lieux sont pleins de toi. Ton image ne m'environne-t-elle pas de toutes parts? Ne me suis-je pas, comme un enfant avide, approprié les moindres objets consacrés par tes mains?

« Portrait chéri! je te le lègue. Garde-le en mémoire de moi. Mes lèvres y ont imprimé tant d'ardens baisers! Toujours en sortant, en rentrant, il avoit ma dernière pensée, mon premier regard.

« J'ai écrit à ton père pour le prier de protéger mon enterrement. Dans un coin du cimetière, du côté de la campagne, sont deux tilleuls. Je souhaite de reposer sous leur ombrage. Ton père peut accorder, il accordera cette grâce à son ami. Demande-la-lui aussi pour moi. Je n'ose prétendre que de pieux chrétiens daignent mêler leurs cendres à celles d'un infortuné. Ah! je voudrois que ma simple tombe fût placée au bord d'un chemin, ou dans une vallée solitaire. Si le prêtre et le lévite passoient outre, en se signant, du moins le samaritain s'arrêteroit pour y répandre une larme.

« Le calice de la mort est devant moi. Je l'envisage sans effroi. Présenté par toi, puis-je le refuser? Ah! tout.... tout, jusqu'à la dernière goutte! Ainsi donc les vœux et les espérances de ma vie sont accomplis! J'arrive aux portes d'airain de la mort, déjà froid et insensible comme elles.

« Trop heureux, ô ma Charlotte, si j'avois la consolation de me dévouer pour toi ! si mon trépas pouvoit te rendre le repos et le bonheur ! Mais, hélas ! il n'a été donné qu'à un petit nombre d'êtres privilégiés de faire à leurs amis un sacrifice utile de leurs jours, et d'allumer par leur mort une vie nouvelle dans leur sein.

« J'ai demandé à ton père d'être enterré dans mes habits. Tu les as touchés, tu les as consacrés; ils ne me quitteront plus [1]. Mon âme planera sur mon cercueil. Que le nœud de ruban couleur de rose dont tu me fis présent le jour de ma fête, soit enfermé dans ma tombe. Il ornoit ton sein la première fois que je te vis, entourée de tes huit frères et sœurs. Embrasse-les mille et mille fois pour moi, et raconte-leur le destin de leur malheureux ami. Ces chers enfans ! il me semble encore les voir courir et sauter autour de moi. Oh ! comme je me suis attaché à toi et à tout ce qui t'appartenoit ! A peine t'avois-je vue, déjà je ne pouvois plus te quitter. Je ne pensois guère alors

[1] « Je défends qu'on visite mes poches. »

à ce tragique dénouement. Sois tranquille, je t'en prie, sois tranquille!

« Ils sont chargés. Minuit sonne. C'en est fait! Adieu, Charlotte! Charlotte, adieu ! »

Un voisin vit la lumière et entendit le coup; mais comme il ne se fit ensuite aucun mouvement, il ne s'en inquiéta point.

Le lendemain, à six heures du matin, Fritz, comme il en avoit reçu l'ordre, entre chez son maître, un flambeau à la main. Il le trouve étendu par terre, baigné dans son sang, les pistolets près de lui. Il l'appelle, le soulève Point de réponse. Il court chez le médecin, chez Albert. Charlotte frémit au bruit de la sonnette; elle éveille son mari; ils se lèvent à la hâte. Le domestique leur annonce en sanglotant l'affreuse nouvelle. Charlotte tombe évanouie aux pieds d'Albert.

Quand le médecin arriva, l'état de l'infortuné n'offroit aucune ressource. Le pouls battoit encore. Il y avoit un reste de respiration; mais les membres étoient déjà roides. La balle avoit traversé la tête au-dessus de l'œil droit, et fait sauter la cervelle. On pratiqua, à tout hasard, une saignée du bras. Le sang coula. Celui dont le dos du fauteuil étoit couvert, fit présumer qu'il étoit assis devant son bureau au moment de se donner le coup fatal, que la violence de la commotion l'avoit renversé par terre, et qu'il s'étoit quelque temps débattu autour du fauteuil. Il étoit étendu sur le dos[1], tout habillé, près de la fenêtre[2].

[1] « Entièrement habillé, botté. Il avoit un frac gris et « un gilet jaune. »

[2] L'humanité, la pitié ont hâte de tirer le rideau sur cette scène lugubre; mais la raison commande d'y arrêter un moment ses regards. Au milieu de l'horrible catastrophe, devant ce corps sanglant, inanimé, elle élève sa voix puissante; elle invoque à la fois la sainteté des lois divines et humaines, si cruellement outragées; elle gémit des suites fatales attachées à leur coupable transgression. O Werther! jeune infortuné! dit-elle, la nature t'avoit prodigué ses dons les plus précieux, une âme sensible, une imagination vive, brillante, le noble amour des arts, les talens. Une carrière honorable étoit ouverte devant toi. Tu jouissois de la tendresse d'une mère, des douceurs de l'amitié. Pourquoi as-tu dédaigné de suivre mes conseils? Si tu m'avois prise pour guide, je t'aurois conduit au bonheur; mais enivré d'un fol orgueil, rejetant l'appui tutélaire des principes, marchant dans le monde au hasard, tu as rencontré l'abîme. De faux systèmes ont perverti ton intelli-

Les gens de la maison, ceux du voisinage, une partie de la ville, s'assemblèrent en tumulte. Albert entra. On avoit posé Werther sur son lit. Son visage étoit couvert des ombres de la mort. Il ne faisoit point de mouvement. Un râle sourd, tantôt foible, tantôt plus fort, annonçoit sa fin prochaine.

L'*Emilie Galotti* [1], de Lessing, étoit ouverte sur son bureau [2].

Je n'essaierai point de peindre la consternation d'Albert et de Charlotte.

Le vieux bailli accourut au bruit du funeste événement, et baigna le mourant de ses larmes. Ses deux fils arrivèrent à pied, peu de momens après lui. Ils s'agenouillè-

gence. Le feu des passions a dévoré ta jeunesse dans sa fleur. Ah! que du moins le tableau de tes souffrances, que ta fin funeste, soient une grande et terrible leçon utile à l'humanité!

SANS LA SAGESSE, SANS LA VERTU, L'HOMME NE SAUROIT ÊTRE DIGNE D'ESTIME, NI HEUREUX SUR LA TERRE.

Tels sont, pour un esprit sain, pour un cœur droit, les graves, les salutaires enseignemens qui sortent de la tombe éloquente de Werther. (*Note du traducteur.*)

[1] Tragédie qui jouit en Allemagne d'une grande réputation. (*Note du traducteur.*)

[2] « Il n'avoit bu qu'un verre de vin. »

rent devant le lit, avec tous les signes d'un violent désespoir, et baisèrent les mains et la bouche de leur ami. L'aîné, qu'il avoit toujours le plus aimé, ne quitta ses lèvres que quand il eut expiré. On fut obligé de l'enlever de force. A midi, Werther rendit le dernier soupir. On l'enterra à onze heures du soir, dans le lieu que lui-même avoit désigné. Les mesures prises par le bailli prévinrent le désordre. Des ouvriers portoient le corps. Aucun ecclésiastique ne l'accompagna. Le vieillard et les enfans formoient le cortége. Albert n'eut pas la force de s'y joindre. On craignoit pour les jours de Charlotte.

FIN

www.ingramcontent.com/pod-product-compliance
Lightning Source LLC
Chambersburg PA
CBHW071559170426
43196CB00033B/1209